本丛书得到何东先生独资赞助

This series of books is financially supported exclusively
by Mr. Eric Hotung.

20世纪中国文物考古发现与研究丛书

古代帛画

陈　锽／著

文 物 出 版 社

一　陈家大山楚墓出土帛画《人物龙凤图》

二　子弹库楚墓出土帛画《人物御龙图》

三　马王堆1号墓出土T形帛画

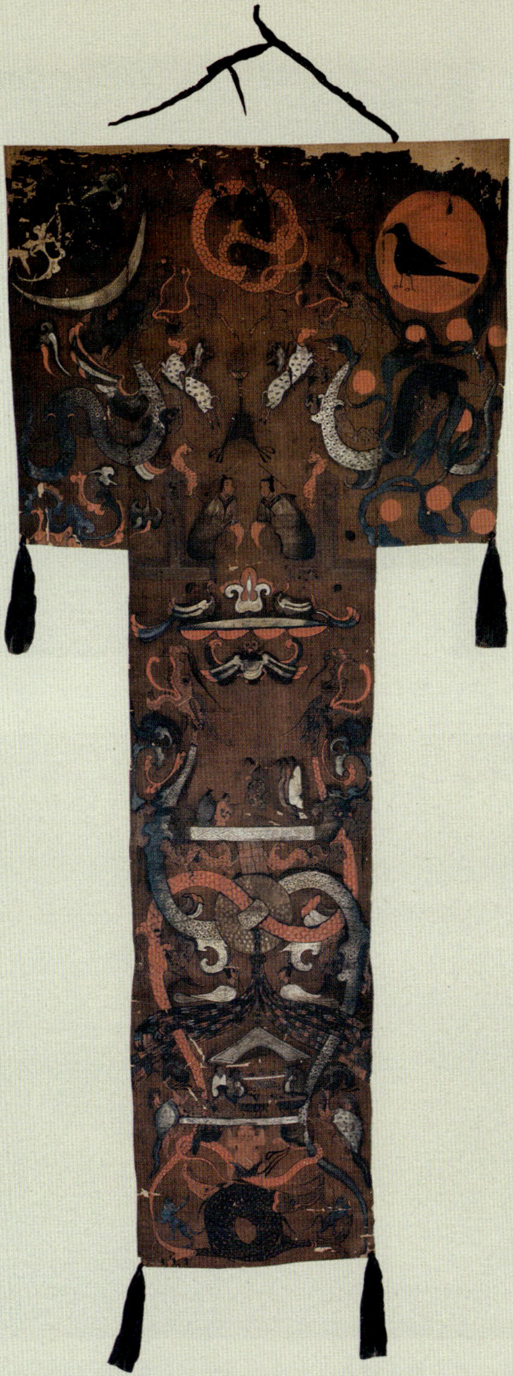

四　马王堆1号墓出土T形帛画（局部）

五　马王堆3号墓出土帛画《车马仪仗图》（局部）

20世纪中国文物考古发现与研究丛书

序 / 张文彬

　　俗称"锄头考古学"的田野考古学的诞生以及中国考古学学科体系的基本完善，由此而引起的古物鉴玩观赏著录向科学的文物学的转变，是20世纪中国学术与文化界的大事。它从材料与方法两个方面彻底刷新了持续了数千年之久的中国古代史学传统，不但为中国学术界和文化界开拓出更加广阔的研究天地，也为一切关心中华民族悠久历史和灿烂文明的人们不断地提供了可贵的精神滋养和力量源泉。

　　仰古、述古、探古，进而考古，向来为我国传统文化中一个明显的学术特点。先秦时期诸子百家发其端，汉代司马迁撰写《史记》，北魏郦道元作注《水经》。他们对相关的遗迹遗物，尽可能地做到亲自考察和调查，既能辨史又可补史。这种寻根追源的治学态度，为后世学术上的探古、考古树立了榜样。此后，山河间的访古和书斋式的究古相继开展，特别是对古器物的研究，成了唐、宋时期的文化时尚。不少学者热衷于青铜铭文、碑刻、陶文、印章等古文字的考释，进而有了对器物的辨伪鉴定、时代判断、分类命名等，逐渐兴起了一门新的学问——金石学，涌现出许多著名的古器物鉴赏家和收藏家。只是囿于当时的历史条件，金石学家们无法了解所见文物的出土地点和情况，也难以涉及史前时代漫长的演进历程，因而长期以来始终脱离不了考证文字和证经补史的窠臼。即使如此，他们的艰辛努力和取得的成绩，还是为推动我国传统文化的发展起到了积极作用，并且在事实上也为中国考古学和中国文物学的起步铺设了最早的一段道路。

20世纪初，近代考古学由西方传入。中国学者继承金石学的研究成果，学习并运用西方考古学方法，开始从事田野考古，通过历史物质文化遗存，探寻和认识古代社会，揭示人类社会发展规律。早在1926年，中国学者就自行主持山西南部汾河流域的调查和夏县西阴村史前遗址的发掘。随后，我国学者同美国研究机构合作，有计划地发掘周口店遗址，发现了北京猿人。从1928年起至1937年，连续十五次发掘安阳殷墟遗址，取得了较大收获，引起了国内外学术界的重视。自20世纪50年代以后，随着国家大规模经济建设的进行，田野考古勘探、调查和科学发掘工作在全国范围内蓬勃有序地开展，许多重要的典型遗址和墓地被揭露出来，重大发现举世瞩目。它们脉络清晰，层位分明，文化相连，不仅弥补了某些地域上的空白，而且衔接了年代上的缺环，为研究中国古代史、文化史、科学史以及其他学科领域，提供了珍贵、丰富的实物资料，极大地影响着人文社会科学诸多学科专业的研究与发展。这段时间被学术界称为中国考古学的黄金时代。在马列主义理论指导下，具有中国特色的考古学理论体系和方法论逐渐形成。有关研究成果不仅极大地改变和丰富了人们对中国文明起源、中国古史发展等重大问题的认识，同时也扩展了中国文物的研究领域和研究方式。可以说，考古学的发展与进步，直接影响到文物学的形成与发展，而且影响到全社会对文化遗产重要作用的认识以及世界学术界对中国古代文明的重新认识。

从 20 世纪 80 年代开始，文物界就中国文物学的创立，逐渐取得共识，在共同探讨的基础上，初步形成了学科体系。不少学者发表了有关论文，出版了专著，就文物的历史价值、科学价值、艺术价值以及在社会主义的物质文明与精神文明建设中如何对文物进行有效保护、合理利用发表意见。这些研究成果已获得学术界的赞同。

在这世纪之交和千年更替之际，对中国考古学和中国文物事业作一次世纪性的回顾和反思，给予科学的总结，是许多学者正在思考和研究的问题。如果能通过梳理 20 世纪以来重大发现和研究成果，透视学科自身成长的历程，从而展望未来发展的方向，以激励后来者继续攀登科学高峰，无疑是一件很有意义的事。为此，经过酝酿、商讨和广泛征求意见，我们约请一批学者（其中有相当多的中青年学者）就自己的专长选择一个专题，独立成篇，由文物出版社编辑出版一套《20 世纪中国文物考古发现与研究丛书》，并以此作为向新世纪的献礼。

从某种意义上说，《20 世纪中国文物考古发现与研究丛书》是一套学科发展史和学术研究史丛书。其内容包括对 20 世纪考古与文物工作概况的综合阐述；对一些重要的考古学文化和古代区域文化研究情况的叙述；对文物考古的专题研究；对重要的文物考古发现、发掘及研究的个例纪实。

此套丛书的内容面广，而且彼此关联。考虑到各选题在某些内容上难免会有重叠或复述，因此在编撰之初，我们要求各选题之间互有侧重，彼此补充，以期为读者了解 20 世纪中国考古学和文物学的发展提供更多的视角。

我国的文物与考古工作，虽在 20 世纪得到了迅速发展，但仍有许多重大学术问题需要进一步探索。我们主持编辑这套丛书，除了强调材料真实，考释有据，写作态度严谨求实外，也不回避以往在工作或研究上曾经产生的纰漏差错和不足之处，以便为今后的工作和研究提供借鉴。虽然我们尽了很大努力，但限于水平，各篇仍很难整齐划一。由于组稿和作者方面的困难和变化，一些计划之中的题目也未能成书。这些不周之处，敬请专家、学者和广大读者批评指正。

在丛书编印过程中，我们得到了文物、考古界的广泛支持。何东先生在出版经费上给予了热情帮助。在此，一并深表感谢。

2000 年 6 月于北京

目　　录

插 图 目 录

一

概

述

　　帛画是中国古代绘画中一个独特的画种。从绘画材质上讲，它与古代传世绢本画和佛教幡画等，都是以绢为本，但在起讫时间和流传途径上却有所不同，故而学界专称之为帛画。在中国漫长的绘画发展史中，帛画占有独特的历史地位。它上承史前、三代绘刻工艺传统，下启魏晋独立的绘画艺术之风，自身又具有广泛而深刻的内涵。

（一）界定

　　迄今所知的中国古代帛画大都发现于密封条件较好的楚汉墓葬中。由于帛画在材质等方面与传统绢本画相同，故在界定上往往出现混乱。考察现今帛画称谓，显然只是一个约定俗成的命名。1949 年，长沙郊区陈家大山出土了第一幅以绢为本的画幅，收藏家蔡季襄遂称之为帛画。现今考古发现的帛画无一例外属于绢地，显示出人们早在先秦、两汉时就已选择绢作为绘画材料了，故此类作品实为绢画。为此，李学勤为帛画定义时，特别强调帛画在时间上的特点，指出"帛画一般指传统绢本画以前的、以白色丝帛为材料的绘画"[1]。

　　结合中国古代绘画发展史的研究和迄今考古所获帛画的情况，我们似乎可以对帛画做出进一步的结论：帛画是传统卷轴画出现以前的、以绢帛为载体的绘画。它肇起于原始时代，下限大体迄于汉魏，曾广泛用于神事、巫仪、社会生活及图册载籍等方面。但限于纤维质保存困难，现存帛画皆出于先秦、两汉墓葬，主题多与丧仪习俗和附葬帛书内容有关。

古代大量美术考古资料已经证实，先民们从远古时起就在陶、石、骨牙、木等天然或人工材料及建筑地面、墙壁等上进行绘刻，绢帛也会被选为绘画材料。战国帛画所表现出来的线描、造型、赋彩等绘画技术水平，以及悉以精细绢地为本而非杂采众帛的情况，即当是先民这种绢帛绘画实践发展到一定阶段的结果。因此，可以肯定现存帛画的始创期至少应早于先秦时代，但因其材质和保存条件的限制，要在考古中发现始创期的帛画几乎是不可能的。

尽管从实物的角度去论证帛画的始创年代是很困难的，但依据以上的界定，它们的下限则应是大体一致的。因为随着古代天人观念的改变，帛画愈加显示出其与丧葬、图书的密切关系，而葬俗的发展与时尚的变化又最终决定了此类帛画的命运。具体而言，汉代以后可能由于葬俗的改变，人们不再制作或随葬此类助丧帛画。与此同时，以寓教为主的历史和现实人物与生活类绘画，因其适应社会需要而逐渐发展起来。收藏也渐成时尚，从而促使早期帛画向传世绢本画转化。

搞清以上问题，有助于我们全面认识帛画在中国绘画史和考古学中的意义。首先，帛画是中国传统绘画的早期形式。它以绢帛为载体，为中国最早的独立式绘画。其次，考古发现的帛画并非帛画的初始形态，而是帛画发展到一定阶段的产物。最后，尽管帛画在古代人们的精神活动中可能曾扮演过多种重要角色，但只有在墓葬中保存下来的帛画，才能成为我们了解其所属时代宗教信仰、巫术礼仪、思想文化、丧葬习俗等的实物资料。

（二）源流

纵观叙述中国绘画历史的著作，会发现大多会郑重地提到魏晋南北朝时期。此时，独立式绢本卷轴画出现了，以文人为主体的艺术家群体出现了，艺术鉴赏家和理论家出现了，皇室和社会名流收藏绘画作品的时尚出现了，这一切标志着绘画作为一门独立的艺术的诞生，显现出中国古代绘画独特的美学追求。

然而，魏晋以降中国传统绘画艺术的形成与发展，又是根植于两汉、先秦乃至更为古老的原始时代的艺术实践的。唐代书画理论家张彦远就曾明言："图画之妙，爰自秦汉"[2]，并将绘画的起源上溯到远古的神话传说时代，指出自巢燧以来，古圣王承命于天的"龟字龙图"便屡为玉牒、金册所映传，至仓颉更仰观于天，俯察于地，创出书画同体的象形文字。此正所谓"无以传其意，故有书，无以见其形，故有画"。降及有虞氏，绘画才开始与文字脱离，后经秦汉的发展，至魏晋臻于成熟。撇开其中的神异色彩，应该说张氏这番对书画源流发展的叙述是基本符合史实的。细审张彦远详述书画图籍的缘起，唯叹董卓之乱、汉献帝西迁而使"图画缣帛"尽为军人所毁，以及扼腕晋唐诸朝"名画法书典籍"为兵火亟焚之意，知在张氏心中，或自书画肇始起应即有以缣帛为载体之脉，而这一脉或正为后世绘画走向独立发展之正宗，即便后来也广泛使用纸张，但丝帛始终是书画的主要载体之一。

至于中国早期绘画之所"图"，据先秦汉晋文献所载，多为古圣贤王、文武功臣和篡臣贼嗣，如春秋鲁国之明堂门墉"有尧舜之容，桀纣之象"。汉代"以忠以考，尽在于云台，有烈有勋，皆登于麟阁"。何以如此？乃因图画为"有国之鸿宝，理乱之纪纲"，能"明劝戒，着升沉"[3]。显然，这是儒家赋予绘画以兴邦辅国、劝善戒恶的社会功能。然而，在楚先王之庙及公卿祠堂也有风格诡谲琦玮的天地、山川、神灵的壁画。在出自新石器时代的陶、玉、骨、石器和夏、商、周及秦汉的众多铜、漆器和壁画中，同样有大量具有象征意义的神怪异兽和寓意神秘的天象图形或符号，使我们确信在人物成为绘画主体之前，中国艺术曾经历过一个以观念性动物为表现主体的时代。其所为不是儒家的"成教化，助人伦"，而是"穷神变，测幽微"，令"民得以识神奸"，使"造化不能藏其秘"，"灵怪不能遁其形"，展现的是先民对宇宙和未知世界的种种探求，是人类心路历程的形象写照。

在缣帛图画中便多有此类早期常见的艺术主题。叶瀚在其《中国美术史》中，就提出古代最先见之画起源有四，即文字、服章、彝鼎和雕刻生物[4]，其中的"服章"大体即指缣帛衣冠、旌旗上的图绘。图绘内容包括日月、星辰、山水、龙鱼、虎鸟、龟蛇，都是非现实性的观念形态动物，足见绢帛绘事在先民精神生活中的重要地位。

事实上，丝帛在先民绘事中的意义可能首先与其材质所具有的"神性"有关。《国语·楚语》所谓："牺牲之物，玉帛之类"，正反映了在早期文明中，丝帛与玉器"二精"并重，在国之大事的"祀"与"戎"中充当重器与神物。文献中有关丝帛的神用（或称礼用）大体可以归纳为三类：一曰荐玉之藉，二曰祀盟之质，三曰郊庙之服[5]。这三项都表现出了丝帛于祭祀享神、通神的特性，其中除"荐玉之藉"外，另两项又大都与绢帛绘事有关。如"祀盟之质"的丝帛，大体就应包括作为盟会标志之用的帛"旌"和作为书写誓辞的帛书及帛画两个部分。《战国策》云："禹会诸侯于涂山，执玉帛者万国。"这个"帛"很可能就是上绘该"国"标识、图徽等的帛绘或帛绘旌旗。虽然此类礼仪中实际使用的帛旌并无实物发现，但先秦文献中却对旌旗之制屡有记载，像《诗经》中就多次提到所谓的"龙旂"，如《商颂·玄鸟》云："龙旂十乘，大糦是承"。《周颂·载见》云："龙旂阳阳，和铃央央"。既然是"龙旂"，自然应该上绘"龙"的形象。而在作为古代人君祭祀冕服的"郊庙之服"上，绘事就更为发达。《周礼·典丝》云："凡祭祀，共黼画组就之物。"贾公彦疏："凡祭服皆画衣绣裳。"[6]由此可知当时祭典盛装之一斑。

当然，与楚汉帛画直接相关的还是早期的丧葬用丝帛。迄今时代最早的此类用帛见于河南荥阳青台仰韶文化的瓮棺葬中[7]。另外，还有安阳殷墟西区商墓和洛阳老城东郊西周殷遗民墓中的丧葬用布帛。前者直接用于裹尸。后者用法较多，主要分四种，一是布幔裹尸，二是布幔覆盖于墓葬二层台上，三是墓内悬挂丝帛，四是在棺或椁盖板上覆盖绢帛。其中尸裹布幔的做法与荥阳青台一脉相承，墓上二层台整体覆以布幔的做法性质同上，大体都旨在追求亡者的灵魂不死。从葬俗角度讲，楚汉棺覆帛画最有可能直接继承这一用法。至于墓壁悬挂式帛绘和棺或椁上覆盖绢帛，则可能分别是马王堆3号墓棺壁帛画和先秦以降棺罩或棺饰的先声[8]。

当然，更为重要的是在这批殷周布幔上，还第一次发现了笔墨彩绘。如上述洛阳老城东郊西周2号殷遗民墓，"画幔作几何形图案纹，以黑、白、红、黄四色，用柔毛绘制而成，间带有笔锋，线条颇古拙"。159 号墓墓室北壁垂挂的彩绘丝织物则为"红色条纹地，饰黑白线条"[9]。在安阳殷墟西区所见的布幔不仅亦有彩绘，而且 1052 号墓包裹尸身的布上面亦有彩绘。其"以红色为底，黑线勾轮廓，用白色或黄色填充，彩绘图案形状似一蝉，蝉的尾向与墓主人的脚向一致"[10]。

不过，很显然此类商周丧葬用布帛彩绘尚不具独立的绘画意义，主题绘画更多地可能仍属"装饰"一类纹样，外在形式也没形成独幅的规制。但至少至殷周时就已有使用丧葬用彩绘布幔、丝帛的习俗，这对楚汉帛画的产生有直接影响。随着时间的推移和人们灵魂观念的进一步发展，以缣帛为载体、以墓主魂像为主体的独立的帛画便产生了。这种帛画就其外在形式而言，一般都作单幅，主要置于椁下或棺上，也以书"图"的形式出现于帛书之中。其大都以丝帛为载体，以毛笔作画。画面的艺术形象和艺术效果皆以线描表现，并以墨色作为绘画的基本色调。绘画形制上已形成上裹横杆的挂轴式（或称立式卷）定式。这一切无疑为后世卷轴画的发展奠定了绘画材料、技术及形制的基础。至于帛画的主题内容，既关乎超自然的亡灵神异，又关乎现实社会的人类生活，恰巧成为中国早期艺术题材从观念动物向写实人物转变的典型代表。因此，从某种角度讲，我们可以说帛画是中国古代传统绘画的祖源。

注　释

[1]《中国大百科全书·考古学》第 70 页，中国大百科全书出版社 1986 年版。

[2] 张彦远《历代名画记·叙画之兴废》第 4 页，人民美术出版社 1983 年版。

〔3〕谢赫《古画品录》，温肇桐《古画品录解析》，附录第 66 页，江苏美术出版社 1992 年版。

〔4〕参见叶瀚《中国美术史》，《诸家中国美术史著选汇》第 500 页。另据《尚书·益稷》云："予欲观古人之象，日、月、星、辰、山、龙、华、虫、作会、宗彝、藻、火、粉、米、黼、黻、绨、绣，以五采彰施于五色，作服，汝明。"《十三经注疏》第 141 页，中华书局 1980 年影印本。

〔5〕张辛《礼、礼器与玉帛之形上学考察》，《中国文物报》2000 年 12 月 24 日。

〔6〕《十三经注疏》，第 690 页。

〔7〕郑州市文物考古研究所《荥阳青台遗址出土纺织物的报告》；张松林、高汉玉《荥阳青台遗址出土丝麻织品观察与研究》，《中原文物》1999 年第 3 期。

〔8〕陈锽《从帛绘到帛画——中国古代绢帛绘画源流试探》，《新美术》2002 年第 4 期。

〔9〕郭宝钧、林寿晋《一九五二年秋季洛阳东郊发掘报告》，《考古学报》第九册。

〔10〕中国社会科学院考古研究所安阳队《1969～1977 年殷墟西区墓葬发掘报告》，《考古学报》1979 年第 1 期。

二　帛画的研究

作为埋藏地下的古代绘画艺术品，帛画的面貌和内涵是随着它的不断发现与相关的研究而逐渐清晰和丰富起来的。当20世纪40年代初《帛书十二月神图》发现时，它只不过是那些唯利是图的盗墓者的"副产品"，并不为人们所重视。随着新中国田野考古事业的发展和各地有计划的考古调查与发掘，出土帛画的数量不断增加。据初步统计，迄今已出土有帛画残迹的墓葬已达二十余座，帛画藏品十余幅。围绕这些帛画，已有包括考古学、美术史学、历史学、神话学、民族学等在内的国内外众多学者的论文、论著百余种问世，先后掀起数次帛画研究的热潮，从而将人们对古代帛画的认识一步步引向深入。

（一）初创阶段（40～60年代）

1942年，长沙子弹库楚墓出土了战国中晚期的丝帛书画。这一发现对中国古代绘画史的研究具有划时代的意义。然而直至70年代初的三十余年中，发现的帛画屈指可数，且仅限于长沙、武威两地。无论就帛画的内容、形式，还是帛画的文化背景看，都缺乏有机的联系。加之武威帛画以文字为主体的铭旌形式不为人们关注，所以初期帛画研究对象多局限于长沙出土的《帛书十二月神图》和《人物龙凤图》，参与研究的学者寥寥，影响极有限。

1.《帛书十二月神图》的研究概况

《帛书十二月神图》是我国最早出土的一件帛书画文物，也是唯一一件流出境外的完整帛书画作品。由于这一特殊性，它成为初期帛画研究中最为集中的对象，也是港台和国外学者参与探讨研究我国帛书画最多的一例。

《帛书十二月神图》实为一件图文并茂的战国楚地数术家讲历忌的书。全篇包括九百余文字，分三部分，按顺时针方向排列，其中十三行段习称甲篇，主要强调顺令知岁、顺天敬神的重要性；八行段称乙篇，讲述日月四时形成的神话。四周边文称丙篇，分十二章，每三章居于一方，每章代表一个月份，略述该月举事宜忌。同时每月配以月神图像，合为十二月神图，图文互注，昭明帛书的实用功能。另外，在帛画四角处，又用青、赤、白、黑四木指示四维，间隔四季、四方。全书的性质属于先秦、两汉阴阳家书中的数术类、月忌类书。

1942 年，蔡季襄获得子弹库缯书及出土遗物若干。1944年避难湘中安化期间，对其影本数帧加以研究，著成《晚周缯书考证》一卷，并于次年付印成书。全书分为六部分，其中缯书墓葬、缯书墓葬出土诸物、缯书书笈等是研究缯书出土情况的主要原始资料，缯书考证、缯书图说和缯书释文，则是我国帛书画研究的开山之篇[1]。

蔡氏著作引起当时中外学界的关注，书中所刊蔡氏长子蔡修涣据原本摹写彩绘的帛书图，更成为人们研究帛书的第一手资料，广为摹写或转刊[2]。1950 年至 1960 年蒋玄佁、陈槃、饶宗颐、董作宾、泽谷昭次、李学勤、钱存训等中外学者介绍或研究帛书的论著，就是以蔡修涣摹本或其再摹本为底本[3]，若干论点也多受到蔡著影响[4]。

图一 《帛书十二月神图》董作宾放置法

1955 年，董作宾在《论长沙出土之缯书》[5]中认为，帛书的方向应以上冬、下夏、左秋、右春为正。这对于正确理解帛书全文的内涵及相互关系很有帮助，一经提出便得到学界响应，并渐次取代蔡氏读法（图一）。

蔡氏摹本作为楚《帛书十二月神图》的第一个摹本，在我国帛书画的早期研究中具有奠基之功。然而因帛书出土时底色呈深褐色，墨迹、文字相混，颇难辨识。帛书的折叠放置又使若干文字残损，故此初摹本不仅颇多错讹，而且所摹写的文字也只有原件的三分之二，近六百字，严重影响了对帛书的深入研究。1950 年，弗利尔美术馆拍摄了首幅帛书照片，较之蔡氏摹本及再摹本明显有优越性。

1966 年，收藏帛书的纽约大都会博物馆再次拍摄红外线照片，帛书字迹异常清晰，学者的研究也因此更能接近帛书之真实，促进了帛书研究水平的不断提高。1967 年在美国哥伦比亚大学举行了以"早期中国艺术及其在太平洋地区的影响"为题的专题讨论会，对帛画及楚文化的研究又产生很大推动力，会后还结集出版了文集[6]。此后直至 1973 年，楚帛书研究进入鼎盛时期[7]。

但对帛书图像自身的研究则相对欠缺。

1960 年，李学勤发表《补论战国题铭的一些问题》一文[8]，描绘诸神形象，确证十二神象征十二个月，并依斗柄方位排列，而十二月神名就是《尔雅·释天》中的十二月名，这样不仅为上述董氏读法做了可信的补证，而且周边十二神也成为一个有机的整体。

日本林巳奈夫的《长沙出土战国帛书十二神考》一文，着重讨论帛书十二神像造型的源流体系及楚地特色问题等等。

饶宗颐《楚缯书之摹本及图像（三首神、肥遗与印度古神话之比较）》[9]一文的前半部分主要是据红外线照片所作的最为存真的摹本和释文，后半部分则是对十二神像中"余取女"和"伙出啫"两神进行考证，认为二者当为"肥遗"和祝融，皆可与古印度神话对比。

综上所述，这一时期对《帛书十二月神图》的研究主要致力于摹本完善和文字考释工作，尚未达到对帛书结构、性质、内涵等全面而深入的认识，图像考证则更显薄弱。

2.《人物龙凤图》的初步研究

《人物龙凤图》纵 31.2、横 23.2 厘米，上方左侧绘一奋爪卷尾、扶摇直上的腾龙，右侧画一昂首扬尾、矫捷健劲的舞凤。下方偏右处有一贵妇，高髻细腰，阔袖长裙，双手合十，面左而立，作祈祷状。裙角另绘一小小的舟形。整个画面构图简洁，主次分明。

直至 70 年代初，我们所拥有的具有纯绘画形式的帛画仅此一幅。它的孤立存在，几乎使学界无法展开研究，充其量只是就图说图。

作为《人物龙凤图》的第一收藏人，蔡季襄首先撰出《晚周帛画冢的报告》稿本[10]，记录陈家大山楚墓的发现经过，介绍相关出土遗物，并且首先提出"帛画"的命名。然后，他确定画中人物即墓主像，并援引《楚辞·招魂》中的"像设君室"以为解，开"帛画主体墓主说"和以《楚辞》释解帛画的先河。遗憾的是，这一对中国帛画研究有开拓之功的蔡氏稿本未及刊印，现只能从郭沫若《关于晚周帛画的考察》一文的零星引介中窥见一斑。

《人物龙凤图》见诸于著录是在 1951 年郑振铎编辑的《伟大的艺术传统图录》一书中，以《晚周帛画》为题[11]（图二）。随即，商承祚在《长沙发掘小记》中也论及此画。1953年 6 月至 11 月，历史博物馆举办"楚文物展览"，帛画原件首次与世人见面，更为清晰的帛画陆式薰摹本也随即发表，并在此后为各种图册、史书刊载介绍，使《人物龙凤图》一时间颇有"家喻户晓"之势。

图二　《人物龙凤图》陆氏摹本

　　然而，直到 80 年代，参与该帛画研究的学者仍然寥寥，较为重要的论文仅有郭沫若和孙作云的两篇。

　　郭氏所撰《关于晚周帛画的考察》一文是帛画出土以来发表的第一篇重要文章[12]。它不仅保存了帛画墓的若干原始资料，还首次刊发了中国科学院考古研究所最具经验的绘图员陆式薰绘制的摹本（世称旧本）。据图，郭氏提出：第一，所谓"龙"，实为文献和殷周彝器花纹上的"一足"夔；第二，夔代表死亡与邪恶，凤象征生命与和平，是"善灵战胜恶灵，生命战胜死亡，和平战胜灾难"的一曲颂歌；第三，否定蔡氏和梁思永等画中女子即墓主说或巫女说[13]，认为"画中女子明显地是一种普通类型的人物画"，是"一位好心肠的女子"在幻想中祝祷生命与和平的胜利[14]。无疑，郭氏所论有若干文献和实物为证，但其中的文学性和理想色彩显然很浓，尤其是因帛画原本底色褐暗而带来的摹本错讹及当时历史背景的影响，导致了郭氏结论致命性的错误。不过，这一切直到 80 年代初新摹本出现才得以明了。

郭氏的"夔凤斗争说"既出，影响甚大，长期被视为解释帛画的权威性文本，广为征引，帛画也被冠以《人物夔凤图》之名。然而，郭氏这个"很有趣的说法"是否应该再讨论呢？这一点直到 1960 年孙作云发表《长沙战国时代楚墓出土帛画考》时才得到回答[15]。

孙氏认为，龙本来就是现实中不存在的动物，帛画上的蛇躯一足形象就是"一足侧身龙纹"，而不能拘泥于文献视之为夔。况且作为恶灵的"夔"与蚩尤传说有关，也不能与这里的龙纹混淆一起，因此"夔凤争斗说"不能成立。至于龙与凤，在中国古代传说和传世品中，也"绝不互相排斥、斗争"，而"永远是互相辅助的"。首先从画面结构看，可以分为上下两层，上有龙凤，下有人物。这种上下层的分割方式对后来的帛画结构研究很有启发意义。其次，从帛画内容分析，下层女子应为墓中主人，上层龙凤作为墓主灵魂的驾驭物，助其登天。最后，绘制及随葬此画的目的，就是"要使死者的灵魂早日升天，跟随龙凤上天，长生不老"。以上诸论显示出孙氏对帛画独到的理解，其中的"引魂升天"说更是发轫之论，对后来帛画的研究有着长久而深远的影响。

从 20 世纪 40 年代至 60 年代的二十多年间，对帛画的认识就仅限于以上这些。很显然，研究对象范围的狭窄和成果的局限，主要都囿于地下发现资料的匮乏。

（二）兴盛阶段（70 年代）

1972 年，马王堆 1 号墓棺盖上发现的帛画，使世人惊叹不已。1973 年末，马王堆 3 号墓再传消息，不仅在棺盖上同出与 1 号墓相类的大型帛画，棺内两壁也悬挂有彩绘作品，而漆奁中又另藏帛书图画。帛画已经以其程式化的规制、有机的书画形式和纯熟、缜密的绘制与赋色技法呈现在我们面前，而我们却对它知之甚少。于是，以马王堆的发现为契机，学界对帛画的研究也勃然而兴。

应该指出的是，尽管后来还有临沂金雀山的重要发现，但在整个 70 年代，马王堆汉墓帛画却独领风骚，包括考古、历史、美术史、文学史等各界在内的众多学者参与了对其的讨论。而在马王堆诸多帛画中，学者们对汉代帛画的名称、功用和内涵等问题的研究基本是以 1 号墓 T 形帛画为切入点而展开的。

1. 马王堆 1 号墓 T 形帛画的名称

马王堆 1 号汉墓 T 形帛画是一幅长约 200 厘米的绘画巨制。由于画幅上宽下窄，画面自然分为上下两部分，其中宽92、长 67 厘米的上部绘日月、升龙、蛇身神人等图像，展现的是无垠的天宇境界；宽 47.7、长 38 厘米的下部以交璧双龙为中心，上下分别绘制墓主人和祭祀图，画面底部双龙尾处绘海神、双鲛等内容，是为地府，由此构成一个有机整体。整个画幅上有横杆、丝带，四角有垂带（图三）。

像这样一幅形制独特、绘画技法精良、可张举又可用以覆棺的帛画，究竟是古代何物，又有何种功用，自其发现之时起，就引起学界极大的关注。因为帛画无自铭，古文献中又未见对此类物件的专述，学者们便对照墓中出土遣册和典籍中有关丧制、旌旗、棺饰等若干记录和注释，展开了热烈讨论，并就帛画的名称提出了以下诸种说法。

（1）非衣说

非衣说是帛画出土未久学界流行的说法之一。唐兰在研究遣册"非衣一长丈二尺"条时，认为所记与帛画颇有关联，遂提出棺盖"帛画就是竹简里的非衣"说法[16]。至于何谓非衣，乃因为"非"即"菲"，是古代障蔽门扉的草帘，由此"非衣等于是扉衣，是挂在门扉上的衣"。

将帛画与人之衣制相联系，显然与其 T 形类衣有关，故也颇得学人响应。史树青提出了自己的看法。他以 1954 年长沙晋墓出土的一件石刻衣物券为例，认为该券文所记随葬衣物中的"绮飞衣一双"，应是用绮制的飞衣两件，其中飞衣"应是非衣的同音同义词"，并推测"这个名词通行于汉晋之际，似为妇女穿的长大的衣服"[17]。发掘报告简二四四条下也云："非衣，非疑为裴者。"[18]

商志䐚在《马王堆一号汉墓"非衣"试释》一文中，提出"遣册非衣乃 T 形彩绘帛画"的看法[19]。他对非衣本意及其功用的阐述也颇有见地，对后来的研究有一定影响。

对于"非衣"本意的理解也有与上述完全不同的，如刘晓路在他的《帛画诸问题》一文中[20]，就视释"非衣"为"飞

图三　马王堆1号墓T形帛画（摹本）

衣"为"异想天开"、"捕风捉影"。在他看来，《说文》中
"非，违也"，其本意为"是"的否定，因此"非衣的本义也应
为非穿着用衣，或似衣而非衣"。

造成上述观点相左的原因，主要是由于他们对非衣性质、
内涵的理解各不相同。

（2）魂幡说

魂幡说是在飞衣说基础上，更进一步从功能和性质方面深
入讨论帛画。《楚辞·招魂》已明言战国楚地有招魂之俗，《仪
礼·士丧礼》、《礼记·丧大记》等书中又有以死者衣招魂的记
载，《论衡·明雩篇》中也言"既死气绝，不可如何，升屋之
危，以衣招复"。马王堆1号墓出土帛画可张举，颇有旌幡之
制，用之引魂或招魂，自然可称之为魂幡，再细则又可分为招
魂幡、引魂或导魂幡。

孙作云《长沙马王堆一号汉墓出土画幡考释》力主引魂幡
说[21]，并结合史籍考证马王堆T形帛画的日、月、升龙应属汉
代的画幡一类，是旨在引亡灵升天的"引魂幡"。孙氏对T形帛
画的定名和功用的阐释，是在分析了先秦两汉神仙思想盛行的
大前提下提出的，与"非衣说"中史树青、商承祚对帛画的分
析也颇相通，故其观点被广为征引，对帛画研究产生了较大的
影响。

同样将帛画视为魂幡，但又与孙氏"引魂幡"观点相左
的，是认为帛画为"招魂幡"。刘敦愿、韩自强等先后撰文论
及招魂问题[22]，也颇得学界响应。

（3）铭旌说

"魂幡说"已经注意到T形帛画先张举、后覆棺的使用功
能，而这一点也很容易使人联想到古代的铭旌。20世纪50年

代末在武威磨嘴子发现的覆于棺上、上书某氏之柩的长条形丝麻织物，学界即普遍视为铭旌。马王堆 T 形帛画天界中的日月图给了学界启示，T 形帛画铭旌说也应运而生。顾铁符在讨论这一问题时，就曾明言，T 形帛画即铭旌[23]。

马雍《论长沙马王堆一号汉墓出土帛画的名称和作用》是论述铭旌的重要论文之一[24]。他首先从考察古人治丧时所用的旌旗制度入手，证明帛画非铭旌莫属，然后就铭旌的称谓演变、图画题词、尺度等方面——考证。

金景芳也曾撰专文讨论帛画名称[25]，质疑非衣、画荒等说，再论 T 形帛画铭旌说，并指出马王堆 T 形帛画"是以大常之旗为铭的明旌"。金氏之论与马雍文前后辉映，互补短长，为铭旌说奠定了坚实基础，使铭旌说成为帛画诸说中颇令人信服的另一重要主张。

此外，学界尚有 T 形帛画廞旌说[26]、画荒说[27]、振容说[28]、帱幕说[29]、夷衾说[30]等。

至此，学界有关 T 形帛画的名称、功用问题已持续讨论了二十余年。尽管诸说并出，但概括起来无非两个重点，一是帛画为旌幡，二是帛画为饰棺。T 形帛画自身的形制及使用特征，已能表明它不属于任何棺饰，学界响应饰棺说者也寥寥无几。而在旌幡诸说中，铭旌、非衣二说占主导地位（灵幡说则是从功用上对非衣说的进一步阐发），二者或作为古代旌旗之一种，或作为招魂之衣，都先有张举之用，继而或覆棺以铭柩，或覆柩以复魄，与 T 形帛画之形制、功用颇为契合，故此二说长期以来并行于世。然两者皆认为帛画能代表死者之神明、灵魂，又使它们拥有共同的精神内涵，只不过在命名的依据上各有侧重而已。

2．马王堆1号墓 T 形帛画的结构和主要内涵

在讨论帛画名称的篇幅中，我们已经感到无可避免地要涉及帛画的内涵，因为大凡一种事物的定名，都应该是对该物内容本质的高度概括和准确描述。事实上，在上述诸学者讨论帛画名称的同时，也大都兼及内容，或是在分析内容的基础上给帛画定名。由于马王堆1号汉墓 T 形帛画内涵丰富、诡谲神秘和恣意浪漫，给研究带来重重困难，有关帛画结构、内涵、图像识别与阐释等问题的讨论遂众说纷纭。

1972年，顾铁符提出，其"主要内容是三段人物画"，"是描写墓主在家里生活的三个片断"，上段为轪侯家门阙及门大夫，中段为墓主及其生活，下段可能为厨房。其中"中间的墓主画像，代替了铭旌上所应该写的墓主姓名"[31]。画面上大量的动物形象则是民间所信之神灵，汉代艺术中习见的四灵就是由这些动物演化概括而来的。又称，帛画上人身蛇尾像可能是"楚墓镇墓神的发展"。

商志醰在《马王堆一号汉墓"非衣"试释》一文中认为，帛画上部的横幅为"天国故事"，下部纵幅"很可能表现的是'蓬莱仙岛'的故事"。整个画面表现的正是人们生前向往蓬莱、求不死之药，死后则飞升上天的幻想。

而安志敏认为，帛画中部的双龙交璧图像，"从它的整体轮廓上观察，似由笥虞转化而来的"[32]。就在这个笥虞轮廓之中，分上下两段，上绘一老年妇女及其侍从，下绘"准备开筵"的场景，全部主题皆为墓主人及其生活。下部画面所占面积极少，主要形象有托地力士、"鱼妇"与"鸱龟曳衔"之类死而复生故事。

孙作云也认为画蟠自上而下分为三层，"第一层为天国景

象，第二层以帷幕为界，画死者将要升天，有二人跪迎，后有三侍女随从，是从人间到天上的过渡阶段；第三层画死者生前宴饮及其他神物"[33]。

《长沙马王堆一号汉墓》一书，仍倡导帛画的两分说，即上部拼幅加宽部分绘日、月、升龙及蛇身神人等图像，象征天上境界，下部绘交龙及墓主人等图像，其中最醒目的是交龙穿璧，形制正与太常相似。这种观点集中了马王堆 1 号墓发掘者及其他学者的意见，是较有文献依据的说法之一。

马雍则详论了帛画的这两大单元。第一个单元与"大常"图相符。第二个单元，就其画面结构言，两龙相交的图形也是古代旗帜上常用的一种图徽，即所谓的"诸侯建旂"。在这个单元中，又可分为上、中、下三段，上段为墓主人像，为死者神明的寄托，中段为设祭死者亡灵的情景，下段为神话故事。全部题材都是象征水府，以表亡者归于水府之意。上述阐说既为铭旌作为一种旌幡找到了其旗物上的依据，又为铭旌作为一种铭柩之物寻得了合理的解释。

（三）深入阶段（80～90 年代）

在对马王堆 1 号汉墓帛画名称、功用及其内涵、构成的探讨中，学者们曾征引过"三礼"、《楚辞》等大量文献资料。无可置疑，发挥中国古籍丰富的优势，援引与帛画时代相近的记载，进行实物与文献的比较研究，是行之有效的途径之一。当然，由于历史的久远，古籍散失零乱、错讹歧义之处甚多，在具体研究中，必须审慎全面，方能更为接近历史的真实。而通过上述介绍，我们也已经发现，在帛画研究中存在着穿凿附会、玄虚连篇、断章取义的倾向。

而在80年代中后期至90年代的帛画第三阶段的研究中，相关的探讨已变得更为冷静、深入，而且视域亦由以往单一的文献考证向考古、民族、民俗、宗教等方面扩展，研究对象由过去独重马王堆1号墓帛画发展至对3号墓帛画的重点研究和对楚帛书画的再度讨论。与此同时，在帛画的总体研究上也有长足进展。

1.《帛书十二月神图》再论

1984年，陈梦家遗著《战国楚帛书考》发表[34]。全文包括以下几个方面：第一，帛书的出土及其图文的结构；第二，公元前400年前的月令；第三，帛书与月令内容的比较；第四，帛书的年代、国别与性质；第五，帛书的月名与三正。作者首先考订图文的结构，指出它是"以四色、四方、十二神象与四季、十二月相配合的组合"，也是"较后的《吕氏春秋》十二纪、《礼记·月令》及《淮南子·时则篇》所从来"。最后指出：第一，由帛书自身特点、出帛书墓制及与之同出的陶器组合、漆器花纹等推定，帛书似应属战国中期，年代约当公元前350年前后；第二，帛书为诸侯王的时宪，不同于《十二纪》、《月令》之作为天子的时宪；第三，据先秦、两汉文献，当时有书日、月、岁、星、辰之号于方板（即四方形物）上用以避邪的做法。帛书方形，上书十二神像，又随葬墓中，说明帛书也与上述诸类方板一样，具有巫术性的驱邪之功。此文完稿虽在1962年，但至发刊之日仍可谓是考察上古月令文献最为完备、考证帛书性质最为精辟的论述。

1985年，李零《长沙子弹库战国楚帛书研究》一书出版，这是国内出版的第一部有关楚帛书研究的专著[35]。全书分楚帛书的研究概况及楚帛书的结构、内容与性质和释文考证三大部分。其中第一部分致力于搜集介绍帛书发现以来三十余年间国内外学者的研究论著与观点。第二部分是作者在集前人研究之大成基础上对帛书结构、内容、性质的再探讨，也是全书的重点所在，其中最有价值的是作者对帛书功用与性质的探讨。第三部分是作者依饶宗颐1968年摹本复制的新摹本，并参照巴纳1972年临写本而隶定的释文，且做了标点、断句并括注有今字。综上所述，李零《长沙子弹库战国楚帛书研究》是当时国内体例最完备的楚帛书研究著作，内容丰富，资料翔实，尤其是第二部分有关帛书结构、性质的探讨有很大突破，使我们对帛书的认识大大向前迈进了一步。

当然，对这件迄今所知最古老的数术书，远非一部论著就可以讨论清楚的。在作者完成上述著作后，又相继对这件重要的文物进行了长久深入的探讨。1988年，李零撰写《长沙子弹库战国楚帛书研究补正》一文，对上述内容、考证又做了若干勘误补正。1990年，李零赴美目验了楚帛书原件，并据目验所得，再就行款、文字诸项对此前帛书文字释读加以纠谬补阙[36]。1991年，李零发表《楚帛书与"式图"》一文[37]，再从"式图"的角度探讨了帛书的若干问题。

1993年，李零在《楚帛书的再认识》一文中[38]，根据他在国内和在美国对帛画出土及流传当事人、知情人的调查，澄清了若干事实，第一次披露了楚帛书流美的真实经过。随即作者又就楚帛书的种类和形制、楚帛书的图像、楚帛书的文字等问题进行了系统全面的讨论。该文代表了近年来楚帛书研究的新水平，也是综合研究帛书问题的最重要论著之一。

李学勤从50年代起即参与楚帛书研究，并屡有独到见解，影响深远。1974 年初马王堆 3 号墓帛书出土，他又主持参与了汉帛书的整理与研究，同时也不断有楚帛书新论发表。1982年，他的《论楚帛书中的天象》一文[39]，讨论了帛书甲篇天象问题。两年后，他刊发《楚帛书中的古史与宇宙观》一文[40]，主要论述帛书乙篇也即四时篇。1987 年，《再论帛书十二种》一文发表[41]，专论帛书边文月忌十二章。三文于帛书研究皆有重要价值，尤其是后者对"神名与图像"和"《月忌》及十二神的意义"的探讨，对深入探研帛书图像极有启发意义。此后，李学勤还就子弹库出土第二帛书展开讨论[42]，初步认为其所载与江陵望山 1 号墓、天星观 1 号墓和荆门包山 2 号墓中所出有关竹简内容相似，为卜辞记录。它与《帛书十二月神图》共置一处，更证明了后者的数术书性质，而这对进一步研究帛书显然也是很重要的。

　　除以上诸家外，曹锦炎、连劭名、商志𧫾等也参与了楚帛书的相关讨论[43]。这些论文或讨论《帛书十二月神图》，或介绍、研究第二帛书，于子弹库楚帛书探讨皆不无补益，可援以参考。

2. 《人物龙凤图》和《人物御龙图》再论

　　1973 年 5 月，长沙子弹库出土楚《帛书十二月神图》之墓又发现了《人物御龙图》帛画，这是继《人物龙凤图》之后人们所见到的第二幅具有独立绘画意义的战国绘作，也是我国经科学考古发掘的第一件楚帛画。由此，重新展开了对楚帛画的介绍与研究。

　　1981 年，熊传薪发表《对照新旧摹本谈楚国人物龙凤帛画》一文[44]。80 年代初，收藏《人物龙凤图》的湖南省博物馆对帛画又进行了认真的清洗和科学处理，加之随着帛画出土

图四　《人物龙凤图》新摹本

时间的推移，原有深褐色稍稍退去，底色变浅，画面局部墨线
显现出来（图四）[45]。李正光重新摹绘了一幅《人物龙凤图》。
与旧本相较，这幅新摹本更多地恢复了帛画原貌。第一，它纠
正了旧摹本的帛画结构之误，也为帛画主题、性质的研究提出
了新问题。第二，改正了旧摹本中对帛画诸像单元细部的误
摹，使得依旧本研究的若干结论难以成立，尤其是新摹本对帛
画研究新思路的开拓意义最为重大。萧兵就曾高度评价其"几

乎是仅次于发现帛画本身的一件大事，它推翻并纠正了国内外考古学、艺术学、神话学界的种种误解和论断，同时也提出了新问题"[46]。学者们也悉援新本，由此使楚帛画研究走向深入。

第一，由于《人物御龙图》的发现和《人物龙凤图》新摹本的出现以及两者诸绘画构成元素的相似，使得将两图结合起来进行研究成为可能。1983 年，萧兵以《引魂之舟——楚帛画新解》为题[47]，全面阐述他对两幅楚帛画主题的观点。他认为《人物御龙图》之"龙"和《人物龙凤图》之"弯月状物"皆代表灵魂所乘坐的舟船，应称"魂舟"，而鸟、鹤也与导魂和载魂有关，全画之主题应是墓主灵魂在导魂鸟引导下，乘龙驾鹤西向至昆仑仙境达于升天。

第二，对于《人物龙凤图》，刘敦愿在《试论战国艺术品中鸟蛇相斗题材》一文中指出[48]，鸟蛇相斗是战国时期艺术品中常见的题材，且已具有定型的表现形式，如鸟类大而蛇类小；鸟类意气风发，直前奋击，而蛇类则始终居于被动地位，蜷伏挣扎，因此，它们"表现的是正反两个方面的事物及其斗争，如吉与凶、福与祸、善与恶、生与死之类对立统一的自然现象与社会现象，而鸟类代表前者，蛇类代表后者，从艺术表现看，肯定是前者战胜后者"，其创作意图在于"辟邪厌胜"。张正明等在《凤斗龙虎图像考释》中[49]，考证楚人以凤、吴越人以龙、巴人以虎为图腾，认为楚艺术品中的凤、龙、虎等形象实际上是上述诸族各自的象征。以龙凤人物帛画为例，凤为楚人自己的象征，龙为吴越人象征，两者相斗图像"应是楚人战胜百越的象征"。以上诸说尽管具体内涵不同，但主题都是龙凤相斗，与郭氏夔凤相斗说，皆有着某种渊源关系。

当然，事实上在这一阶段《人物龙凤图》研究中，影响最大的是孙作云的观点。他 60 年代初始倡帛画主题"引魂升天"说，80 年代初新摹本问世，再经熊传薪从帛画结构上的分析论证，"引魂升天"说更得倡扬，从此广见于各种美术史册和学者论著中，几成不证之论。

此外，还有 1986 年王建中《长沙陈家大山楚墓帛画的命名及其它》一文[50]，就帛画"人物夔凤图"、"丰隆迎宓图"、"人物龙凤图"和"人物鸟蛇图"等四种不同命名展开讨论，并认为"人物龙凤图"名称最为贴切适宜。陈建宪以《引魂之舟》一文[51]，着重将《人物龙凤图》与日本竹原古坟壁画进行比较研究。其视角独特，对研究视野的开拓颇有启发。蔡全法《试论楚国人物龙凤帛画的艺术成就》一文[52]，则主要是从帛画之构图、布局、墨线造型等方面，全面论述这一作品的艺术特征，是一篇从艺术价值角度分析楚帛画的专论。

第三是对《人物御龙图》的相关研究。由于此图是科学考古的发掘品，出土位置无争，帛画保存状况相对较好，图像完整清晰。画面正中为一有胡须的男子，侧身直立，手执缰绳，驾驭着一条巨龙。龙头高昂，龙尾翘起，龙身平伏，略呈舟形。在龙尾上部立一鹤，人头上方为舆盖，三条飘带随风拂动。画幅左下角有一鲤鱼。结合战国时代神仙思想的盛行情况，从帛画发现伊始，就被确认"整个帛画的内容应为乘龙升天的形象"[53]，各美术图集与论著也多援引此说，争议较少。只有少数学者深入探讨，发表己见。刘信芳的《关于子弹库楚帛画的几个问题》一文，对帛画内容、性质等展开讨论[54]，指出子弹库楚帛画与屈原《九歌·河伯》内容相似，楚帛画是融彼岸世界与此岸世界为一体的产物，具有招魂性质，是按照招水死之魂的宗教习俗设计的。

刘晓路在《帛画诸问题》一文中指出，帛画的主要作用是招魂、安魂[55]。

3. 马王堆 1 号墓帛画的深入研究

80 年代中叶，随着思想的进一步解放和研究视域的扩大，马王堆 1 号墓帛画研究也走向多元，出现了从不同角度探讨帛画的新趋势，一系列以马王堆帛画"新解"、"新探"为题的论文就是在这种背景下出现的。

萧兵的《马王堆〈帛画〉与〈楚辞〉神话》[56]、龚维英的《嫦娥化蟾蜍非古神话原貌》、孙世文的《马王堆一号汉墓帛画人首蛇身图考》等[57]，都属帛画神话学考证的论文。

郭学仁的《马王堆一号汉墓帛画内容新探》一文[58]，则将帛画分为天国景象、升天的情景、巫师为祈求死者灵魂升天的场景和阴间神怪世界四个部分，具有浓重的神仙思想印迹。彭景元的《马王堆一号汉墓帛画新释》一文[59]，将帛画图像分为仙岛上的迎新场面、从仙岛到人间的过渡中转站、"告别仪式"的场面、地府缩影。主题就是汉代初年盛行的"黄老思想反映的升仙希望"。范茂震在《马王堆汉墓帛画新解》一文中[60]，也认为帛画所绘图像多与引魂升仙有关。

然而，随着帛画研究的深入，"引魂升天"说自身却正在被动摇。早在 1972 年，俞伟超就指出帛画的招魂复魄特征。1985 年，俞伟超再发表《马王堆一号汉墓帛画内容考》一文[61]，表明学界对"引魂升天"说有质疑。90 年代初，"引魂升天"说遭到连续不断的挑战，先是颜新元在其《长沙马王堆汉墓 T 形帛画主题思想辩正》一文中，提出"汉代和汉代前期楚人的灵魂归宿不是上天而是下地，马王堆 T 形帛画不是'升天图'"之说[62]；继而，李建毛发表《也谈马王堆汉墓T形帛画的主题思想》一文[63]。文章指出，帛画实为古代铭旌，其作用一是在于导魂，出葬时举幡在前，灵柩随后，引死者之魂至墓坑；二是用作死者的灵位，安其鬼魂，厮守尸体。这样，帛画的最终所为就不是引魂升天，而是导魂复魄。刘晓路在其专著《中国帛画》中也指出："在帛画的诞生地——楚国，根本就没有引魂升天的传统，流行的并不是引魂思想，而是其反面——招魂思想。"[64]由此，帛画的"招魂复魄"说与"灵魂升天"说成为并行的两种观点。

　　然而，无论死者亡灵去向何方，帛画特别的T字外形和它发现时覆于内棺的位置都是不争的事实。于是，便有学者另辟蹊径，从这些方面进行研究。上述提到过的颜新元《长沙马王堆汉墓T形帛画主题思想辩正》一文，就相继列举了若干形同T形帛画的事物或现象，指出T形为门之寓意，并就门的T形来源、门的巫术意义等进行了详尽讨论，阐释了营建法则、匠人取法与帛画形制及内容的密切关系等。

　　结合当时盛行的盖天说，T形毋宁说就是人们对天地关系的形象模拟。T形上之"一"实即为天，下之一"｜"则代表地。《晋书·天文》上曾云盖天说："其言天似盖笠，地法覆槃，天地各上高外下，北极之下，为天地之中，其地最高，而滂沲四慣。"由此T形之"｜"实可谓天地之轴心，是宇宙间最神圣的地带，在世界范围内不少古代民族都相信于此天地交汇中心可以接近并最终与神灵世界达到和谐，中国古代也不例外。我们推测，随着战国以来昆仑神话的广泛传播，人们有可能将灵魂升天、昆仑不死神话与盖天说以来的天地轴心论结合起来，创制出T字的神圣形式，并将灵魂升天的想像融入其中，使其永生的愿望获得形象真切的表达。尤其T形之"｜"，位于"—"之下方正中，处天地中心位置，又作长条形，如昆仑通天神柱之传说，而画中墓主升天，正乃由此"昆仑之柱"入天阙之门。因此，其较楚帛画的长方形有着从外形到内涵更为统一而深刻的意旨[65]。从良渚山形玉器到山字纹铜镜、TLV铜镜中的T形等中，我们或许正能寻觅出古人以T形象征天地宇宙的蛛丝马迹。

林河与杨进飞撰写的《马王堆汉墓飞衣帛画与楚辞神话、南方民族神话比较研究》一文[66]，着重发掘南方诸民族文化材料，文章视角新颖，为帛画研究开辟了一片新天地。

毋庸置疑，八九十年代学术研究水平有了显著提高，学术视野也得到拓展，但在研究中人们往往将帛画视作独立的美术品，研究方法仍多限于征引《楚辞》、秦汉文献以诠释图像，其中虽不乏用功精深之作，但也有不少文章的旁征博引是断章取义，以致出现帛画研究的"楚辞"病、文献病，对帛画主题的认识也多跳不出"引魂升天"、"招魂复魄"的思路，帛画的释读很多莫衷一是，乃至截然对立，很难达到接近于帛画实质的认识。

大家所面对的马王堆材料是共同的，但思考与研究这些材料的方法可以有不同。巫鸿在《礼仪中的美术：马王堆再思》一文中指出："新的解释建立在两种简单的方法论之上：帛画不再是一件独立的'美术品'，而是整个墓葬的一部分；墓葬也不再是现成的建筑，而是仪式过程中的产物。"[67]因此，其研究便集中在包括随葬品和墓葬结构及仪式过程的内在联系上，而不是再就马王堆帛画形象逐一释读。

其文共分五个部分论述，为我们提供了理解马王堆T形帛画及其丧葬艺术的新启示：第一，就 1 号墓而言，无论是它的椁室、套棺还是灵柩、帛画、随葬品，都是这一整体的各个有机组成部分，应该有一个宏观的、总体的把握，任何孤立、片面的考察，必然顾此失彼，不得要领；第二，马王堆墓葬设计是"多中心的"，各组成部分缺乏逻辑上的一致性、系统性，任何要在它们之间建立统一完整解释体系的努力都是不可能的；第三，1 号墓 T 形帛画描绘的是死者生活的一个微观宇宙，而并非像一些学者力图阐述的那样是一个对死者未来世界有系统、连贯表现的图画，更不是招魂的工具或引魂升天的描绘；第四，马王堆墓葬设计的多中心性是由它在早期中国丧葬制度中的过渡性质决定的。

4. 马王堆 3 号墓帛画的重点探讨

3 号墓出土帛画四幅，即覆于内棺上的 T 形帛画、张挂于棺室东西两壁的帛画和出于东边箱 57 号长方形漆奁内的《导引图》。另在帛书中发现两幅古地图。1975 年，《马王堆二、三号汉墓发掘的主要收获》一文称，帛书中共存地图三幅，另有《刑德》、杂占图、神像图和丧服图等[68]。对于这些帛画，研究者们曾给予相当的重视，金维诺撰《谈长沙马王堆三号汉墓帛画》一文[69]，重点讨论棺室东西两壁帛画；陈慭民撰《丰富多彩的汉初帛画》[70]，着重介绍 3 号墓 T 形帛画和《导引图》；《马王堆三号汉墓帛画导引图的初步研究》一文[71]，全面介绍了导引理论、方法和《导引图》图式、内容等；顾铁符《马王堆帛书〈天文气象杂占〉内容简述》和席泽宗《马王堆汉墓帛书中的彗星图》[72]，则使我们对两图内容有了许多了解。谭其骧的《二千一百多年前的一幅地图》和《马王堆汉墓出土地图所说明的几个问题》[73]，介绍了《地形图》的复原过程，阐述了其在制图学史上的意义，考察了它所反映出的汉初长沙国的西南地理形势以及长沙国与南越的边界地理问题等。1976年《文物》第1期公布了《马王堆三号汉墓出土驻军图整理简报》，详尽介绍了《驻军图》的复原和内容[74]。同期发表的詹立波《马王堆汉墓出土的守备图探讨》一文，又据《驻军图》研究了汉初南越国、长沙国和中央王朝的关系、当时守备作战的思想等问题。此外，周世荣、朱桂昌、傅举有等，也先后就《地形图》、《驻军图》发表了他们的看法[75]。

综上所述，在马王堆3号墓发掘的初期阶段，学者们主要是对公布的有限几幅帛画做初步介绍与研究。造成这种局面的原因主要是由于帛画保存的欠佳和发表材料的有限。随着《马王堆汉墓帛书》第一、三、四册等的整理公布[76]，人们开始对帛书中的帛画有了更多了解，尤其是1992年由湖南出版社出版的《马王堆汉墓文物》一书，首次对外公布了马王堆出土的众多帛书画作品，即1号墓T形帛画、3号墓T形帛画、《车马仪仗图》、《车马游乐图》、《划船游乐图》、《丧制图》、《刑德》甲篇、乙篇《九宫图》、《阴阳五行》、《干支图》、《导引图》、《城邑图》、《天文气象杂占图》、《卦象图》等，其中除《九宫图》、《干支图》、《地形图》和《驻军图》不具绘画艺术意义可不计外，其余十幅皆在不同程度上表现出汉初绘画水准。而其中除1号墓T形帛画外，其余九幅全来自3号墓。其精良的摄影水平、清晰的画面色彩为研究者提供了深入研究的图像资料，故有学者称"《马王堆汉墓文物》解决了马王堆帛画的图像资料问题，同时给秦汉美术研究带来了更复杂的课题，给以往的种种定论重新打上了问号"[77]。虽然1号墓T形帛画的典型性、完整性和丰富性，使学界对它的研究始终占帛画研究的主导地位，但至少可以说《马王堆汉墓文物》的出版，使学者扩大了对 3 号墓文物的研究范围，对某些帛画的研究则更为深入了。

3 号墓出土一件 T 形帛画，其形状、主体内容与 1 号墓者大体相同，时代略早于 1 号墓。研究这一时间较早的 T 形帛画，对于理解和诠释 1 号墓 T 形帛画是大有裨益的。1993 年，李建毛撰写《马王堆汉墓两幅 T 形帛画之比较研究》一文。这是对两幅帛画进行详尽异同比较的第一篇论文，也是一篇全面认识 3 号墓 T 形帛画的文章。

《车马仪仗图》是悬挂于 3 号墓内棺西壁的一幅帛画，人物众多，场面宏大，但出土以来研究者甚少，仅见金维诺《谈长沙马王堆三号墓帛画》中有考释与论述，可能限于图片资料的欠佳，难免有误。1991 年，陈松长发表《马王堆三号汉墓"车马仪仗图"帛画试说》一文[78]，对《车马仪仗图》匡谬纠误。两年后，刘晓路发表《论帛画俑：马王堆 3 号墓东西壁帛画的性质和主题》一文[79]，首倡"帛画俑"之说，指出《车马仪仗图》上画的车骑数大致相似，两者显然存对应关系。同样，另一简文所记男女明童及东西两壁帛画中的男女明童与简文所记应有对应关系。

《太一避兵图》是 3 号墓又一幅重要的帛画，因出土时已残破不全，未见报道。直到 1986 年周世荣在《马王堆汉墓中的人物图像及其民族特点初探》一文中，以《社神图》之题引述并刊出其黑白照片[80]，才渐为外界所知。首篇介绍并研究此图的《马王堆汉墓的"神祇图"帛画》一文也出自其手[81]。作者在文中将该图分为上、中、下三层，然后自上而下一一客观介绍了该图的图像和标题，并结合文献对图像逐一考释，认为其主神当为太一和社神，故将此图命名为《神祇图》。另据图侧自上而下书写的一行通栏文字为禁语指出，此图应具有辟邪性质。

李零辨析帛画性质，认为帛画中层四人当是禁辟百兵的"武弟子"，故此图当以辟兵为主要内容，性质应属辟兵图[82]。陈松长则根据帛画题记和图像考证，认为应将此画命名为《太一将行图》[83]。

除对上述帛画重点探讨外，一些学者还关注其他帛画的研究。王胜利对帛书各彗星图用其占辞做了重新摹绘，纠正了席泽宗《马王堆汉墓帛书中的彗星图》中的若干误摹，也对前人若干占辞的句读和误读进行了修正[84]。彭浩将 1984 年发现于江陵张家山汉简中的《引书》与《导引图》对照研究，为进一步了解图中术式提供了帮助。同时，又就西汉导引术式、导引术的用途、导引术的养生理论等问题做了简要论述[85]。饶宗颐则对九宫图内容进行了初步考释[86]。曹学群较详细论述了《丧服图》内容，指出它填补了秦及汉初丧服礼制的空白，是研究当时丧礼最宝贵的资料[87]。此外，王子今、曹学群、刘晓路等还从不同角度对 3 号墓所出《地形图》、《驻军图》及墓主身份等进行了探讨[88]。应该补充说明的是，在 3 号墓发掘简报最初公布和学者初期的研究中，都只提到出土地图两幅，晓函在其《长沙马王堆汉墓帛书概述》一文中曾介绍有《街坊图》，但内容不详。直到傅举有《长沙马王堆汉墓研究综述》一文中[89]，才指出共出三幅地图。而这第三幅便是《城邑图》，至 1992 年《马王堆汉墓文物》一书始公布《城邑图》图片，遂知它是一幅颇具绘画意味的城市图，或即汉初临湘江城图。1996 年，傅熹年公布与 3 号墓帛画共存的还有一幅小的城市平面图的消息，并推测该图"可能是轪侯之城"[90]。至此，马王堆 3 号墓就至少发现了四幅地图。由此我们也可看到，尽管马王堆各类出土文物的整理已持续多年，帛书也已出了三册，但还有不少资料有待进一步发掘整理。

5. 临沂帛画与武威铭旌的研究

（1）临沂帛画

自 1978 年金雀山 9 号墓发现帛画以来，在临沂金雀山、银雀山西汉墓中曾先后有十余座出土过帛画，但多未见图片和文字资料记录。唯金雀山 9 号墓帛画和 4 号墓帛画基本保存完好，成为了解临沂帛画内涵、结构的主要实物资料。

金雀山 9 号墓帛画是一幅长 200、宽 42 厘米的长条形画幅。刘家骥、刘炳森撰文对其绘画内容等加以研究[91]。画面依内容可分作三组，上为天，绘简单的日月图；中为人物；下为双龙。人物共二十四名，自上而下分作五组。第一组在大屋顶帷幕下，共六人，以着蓝衣的中老年妇女为主体（图五）。发掘者推测，其为 9 号墓墓主[92]。第二组为乐舞图。第三组为拜谒图。第四组分作两个画面，右为妇孺纺绩图，左为问医图。第五组为角抵戏。五组图像被视为"墓主人对自己死后生活的设想"[93]。

1997 年，民安 4 号墓帛画出土。该帛画虽上下两端剥蚀，难睹全貌，但残存的 80 厘米画面还是很有研究价值的。其分作上下两部分，上有琼阁、屋帷人物，下绘青、赤二龙穿璧。帛画的内容、结构与金雀山 9 号墓帛画大体相同。

此外，金雀山 13、14 号墓出土的帛画上也见有琼阁瓦垄、交龙图残迹，金雀山 31 号墓乐舞图中则有吹竽师形象，这一切都说明临沂帛画的绘画单元不外乎仙山琼阁、双龙交璧和人

图五　临沂金雀山 9 号墓帛画（摹本、局部）

物图诸种，与马王堆汉墓帛画有着清晰的渊源关系。

　　通过对临沂帛画内涵与结构的重新审视，我们认为全部 9 号墓帛画实际上仅是对马王堆非衣双龙交璧以上的"天"部的继承与发展，"地"部则舍而不取。全部画面以三仙山、大屋顶及人物组画为主体，描绘的实可谓仙府情境，据此帛画亦可称之为"仙幡"。而帛画以仙山琼阁取代汉初非衣的天府神物、以仙境生活取代升天图景的做法，又直接表现出临沂地近东海、神仙思想浓郁的地方文化特点。

　　至于临沂帛画之源，学界大都认为与楚地帛画东传有关，并从轪侯籍贯、故里、官职变迁等方面寻求东传的途径与原因。王利器就曾先后两次著文[94]，论证利氏的籍贯、故里等问题；刘晓路又具体论及利苍由楚国东迁今苏北、鲁南一带的时间、活动等[95]。多年从事金雀山、银雀山汉墓发掘工作的徐淑彬也指出："从目前的考古发现看，临沂至今尚未见武帝以前的帛画，究其缘由，可能说明临沂的帛画随葬丧俗是从长沙一带传入的。这或许与马王堆墓主利苍之后、第四代轪侯利秩于武帝元封元年（公元前110年）赴东海郡（今临沂在西汉时隶属东海郡开始县治）任太守一年有关，是利秩将江南的楚文化带到了今鲁东一带，并使之盛行起来。"[96]

（2）武威铭旌

根据历年考古发掘的资料，武威出土铭旌的墓葬约有六座，其中1、4、49号墓仅见于文字报道，22、23、54号墓则有实物留存。它们多以绢、麻质为材料，形状作长约200、宽约40厘米左右的长条形，上以题铭为主体，又有横杆以便张举，与古籍所载的铭旌之制相符，故发掘之初便被视作铭旌。

这批铭旌细审起来还可分书写死者姓名、籍贯的纯粹的题铭铭旌（22号墓）和图文并存的铭旌（4、23、54号墓）两种，而后者又以日月图像显示出其与楚汉帛画的联系，同属中国帛画发展体系。

以现存的两件此类铭旌为例，其主体皆以文字题铭，但在铭旌顶端左右绘以简率的内有阳乌、蟾蜍、玉兔等形象的日月图。54号墓铭旌中与阳乌共处的还有九尾狐。这种构图形式很容易使人想起临沂帛画，只是那里日月图像下的多层人物画为这里的文字取代而已。铭旌呈长条形，上低于棺顶，下长出棺盖而下垂的覆棺方式与临沂帛画相类。其使用时期在西汉末至东汉早中期。不过，临沂帛画与武威铭旌并没有直接的源流关系，如果说前者以其仙境景象和仙府生活表现出其仙幡色彩，后者则全然不同。它硕大醒目的题铭表明其性质在于"表枢"，只是顶端图绘日月，或许还略带帛画早先升天或升仙主题的遗意，或许只是对此前帛画的表象模拟。22 号墓不带日月的纯文字铭旌的存在又分明显示，因为意在"表枢"，日月图在当时铭旌中已是可有可无。

武威铭旌从形制、题铭格式、使用特点等方面看，多处符合"三礼"有关铭旌的记述，仅绘制日月图像略与楚汉帛画相关，因此它更应是符合汉仪典的，也与河西走廊汉晋文化历来以汉文化为主体相契合，毋宁说武威铭旌之制来自于中原汉文化。武威铭旌的发现也是西北地区确曾使用过铭旌的一个有力证据。从考古现象看，帛画、铭旌发现于楚地和河西，不应被认为是仅两地存在，而应视为两地的地理气候和埋藏条件等有利于保存。综上所述，武威铭旌不是楚帛画向北发展的直接结果，它图绘日月的表象似乎显出与楚帛画的源流关系，但这仅是在其他地方没有发现帛画情况下的一种比较。与此同时，武威铭旌的"表枢"特征又完全符合"三礼"典籍，它的发现为推断中原北方广大地区也应使用铭旌帛画乃至附葬提供了依据。武威帛画一方面作为魂幡、仙幡的进一步发展，可能走向后世的魂帛、引魂幡、仙幡，但不再附葬，故迄今未有考古发现；另一方面作为铭枢的进一步发展，又可能成为纯粹文字形式的铭旌墓志，近年发现的西晋彩帛墓志是一个最好的说明。

我国迄今所出的第一件、也是唯一见诸报道的丝帛墓志出于甘肃高台[97]。1998 年 5 月，考古人员在该县骆驼城古城遗址东南墓葬区北边沿较高的沙砾石土丘上发现一座保存完好的西晋墓葬。该墓棺盖上南北向斜搭着一幅彩帛墓志。墓志长

71、宽50厘米，为长方形，下部残缺一角，呈深红色，织工精细，上书："元康元年十二月庚朔晋故凉州酒泉表是……"十七字。由此可知，此墓为西晋元康元年（公元291年）墓，墓主乃酒泉郡表是县（即今高台县）人。从葬品看，墓主为较富裕的平民。

这块帛志的出土，对于汉代铭旌发展走向的研究很有价值。它"斜搭棺盖上"，显出与两汉铭旌放置位置的共同特征。它的出土不仅表明我国古代确曾有过以帛为材的墓志，而且也为我们探寻战国以降覆棺帛画由魂幡→非衣（魂幡兼铭旌）→仙幡→铭旌→墓志（丝帛质）的发展轨迹提供了珍贵范例。

6. 楚汉帛画的整体研究

迄于1997年，我国已发现楚汉帛画及其残迹二十余幅，但由于保存现状优劣悬殊，绘制水平良莠不齐，学界对它们的重视和研讨程度是很不平衡的，如讨论马王堆1号墓帛画的论文，在全部帛画论文中占有较大比重，而其他帛画则相差甚远，甚至长期不为人知，影响了对中国帛画的源起、发展和演变历程的总体把握和全面认识，难以明确各帛画在帛画发展史上的坐标与定位。

1992年，刘晓路撰文提出对帛画"整体尚缺乏全面系统的综合性专题研究"[98]，呼吁追寻帛画起源和消亡的轨迹，考察帛画的发现和分布，研究帛画的分类，倡导建立帛画学。次年，又专论帛画的源流及其发生、发展的文化环境背景[99]，以及前后非衣的考古发现和图像演变[100]。他从以下三个方面，对中国帛画发展进行了全方位的综合比较研究：

第一，帛画正名。他指出，"帛画至今只有意象的概念，而无抽象的概念"，若将帛画进行抽象的定义，大体可以说

"现存帛画是楚汉木椁墓中随葬的、有助丧目的而以丝织物为载体的绘画"[101]。这一定义包括了帛画的绘画材料、使用性质和使用范围等内容，指出了帛画的本质特征。当然，通过对现存帛画的分析，我们认为这一界定仍有多处需要修正，比如考古上已经证明，帛画并非仅用于木椁墓中，至少南越王的石室墓中也使用帛画，这一点作者在后来的研究中也已纠正。又如随葬的帛画并非仅以助丧为目的，至少还应有以帛书之"图"存在的形式。总之，现存帛画只是帛画用于丧葬、随葬的幸存部分，不能反映历史上所用帛画的全貌，因此，历史上的帛画与现存帛画应该不是等同的。

第二，帛画的产生地和产生时间。他认为，现存最早的帛画均见于战国中晚期楚墓，楚地无疑为帛画源起之地。而"帛画的产生首先必须满足两个基本条件，一曰其载体——丝织品的产生，二曰其工具——毛笔的产生"，并指出"丝织物、毛笔这类只是帛画产生的必要条件，而不是充分条件、精神条件。这种充分条件和精神条件，还受到某些时代氛围和地域文化的制约，它成为帛画起源于战国中期而不是其他时期、产生于楚国而不是其他地方的最根本原因。"[102]检审楚史，作者认为，屈原创作《招魂》是为公元前297年客死于秦的楚怀王招魂。招魂之俗在楚地兴盛，帛画的诞生即当与此有直接关系[103]。当然，据此而认定帛画诞生楚地，且视其与战国中晚期楚怀王招魂有必然的因果关联的观点还有待商榷。因为考古学上已经发现的殷周墓布幔画和丝帛画有可能是丧葬用布帛彩绘的更早形态。

第三，帛画的发源、流布、发展与消失。刘晓路在研究了楚文化自北而南、自高层区向低层区发展的流向后指出，"湖北可能是帛画的发源地"，然后再流布到南楚地方，或者由两地皆前后存有帛画而证明"帛画在战国中晚期流行于楚国各地"[104]。至于汉代，由于楚文化在湘湖之地的延续及向周围地区的泛化，遂有帛画在长沙的鼎盛和向南越、临沂乃至河西的流布传播、最终消失于武威的观点提出。当然作者的这一结论是以现存帛画为依据的，其究竟客观与否尚需要今后的考古发现予以进一步证实。

至此，我们对第三阶段帛画研究概况做了一个全面回顾，其中我们注意到一个重要的现象，尽管有不少中外学者参与楚汉帛画的讨论，然而来自两湖的学者特别引人注目。他们或因长期从事马王堆出土遗物的专题研究，能多次亲见帛书画原件，而不是仅对照片、图册进行研究，故能勘误纠谬，获得新知，提出新见解；或因身处湘湖荆楚，谙熟当地文化、民俗而能对楚汉帛画作出更贴近本土文化的研究，在广度和深度上推进帛画的研究进程。当然，占中国帛画主体地位的马王堆帛画和其他楚汉帛画，也必定会吸引更多的中外学者从历史、考古、美术、宗教、神话、民族、民俗等多角度分析研究，从而揭开它真实的历史面貌。

注　释

[1] 蔡季襄《晚周缯书考证》第 1～13 页，台湾艺文印书馆 1972 年版。此书 1944 年石印本印数极少，湖南省博物馆存有蔡氏送吉甫藏 1944 年印本一册。

[2] 蔡修涣本人因缺乏文字知识，仅摹得帛书 592 字，其中摹误 133 字，基本上摹对 460 个字左右，尚不及帛书原文的一半。但就整体而言，蔡氏本尚能反映帛书全貌，将它与最清晰的影本相比较，两者在字数和行列上仍大体吻合，可见直接从实物上临摹的蔡本仍是可信的。此外，蔡本还保存了帛书四

44 古代帛画

木和神像的颜色，虽然有人对其正确性表示怀疑，但帛书出土伊始，颜色较为鲜明是完全可能的。蔡氏按其颜色填实，使我们还能看到两千多年前矿石颜料设色的彩图，即使在今天仍不失为珍贵的第一手资料。但因蔡书当时流传不广，20 世纪 50 年代从事帛书研究诸家均不是从蔡本直接取材，而是辗转对蔡本派生出来的再摹本取材进行研究的。参见曾宪通《楚帛书研究述要》。

[3] 参见蒋玄佁《长沙（楚民族及其艺术）》第二卷，图版二八 A《绢画》和"编后附记"短文，无专论。所录图为蔡氏摹本的临写本，美术考古学社专刊之一，上海今古出版社 1950 年版；泽谷昭次《长沙楚墓时占神物图卷》，河出孝雄《（定本）书道全集》（河出书房）第一卷，第 183 页，1956 年版。内中所附为饶宗颐 1954 年据蒋氏本的再摹本，文中未对帛画进行深入研究，仅属以饶氏论文为据对帛画的简单介绍性文字；T. H. Tsien, *Written on Bamboo and Silk——The beginnings of Chinese Books and Inscriptions*, 122～125, University of Chicago Press 1962. 文中仅对长沙帛书作简单介绍，并附蒋氏摹本图。

[4] 参见陈槃《先秦两汉帛书考》附录"长沙楚墓绢质彩绘照片小记"，《历史语言研究所集刊》24 册，1953 年；李学勤《战国题铭概述》（下），《文物》1959 年第 9 期；饶宗颐《长沙楚墓时占神物图卷考释》，《东方文化》第 1 期，1954 年；饶宗颐《长沙楚墓时占神物图卷考释》，《东方文化》第 1 期，1954 年。

[5] 董作宾《论长沙出土之缯书》，《大陆杂志》十卷 6 期，1955 年。

[6] Edited by Noel Barnard, *Early Chinese Art and Its Possible Influence in the Pacific Basin*, New York Intercultural Art Press 1972.

[7] 尤其是 1967 年台湾学者严一萍发表《楚缯书新考》（上、中、下）长文，接着金祥恒《楚缯书"霝霝"解》发表，考证帛书所述传说人物的头两位即古书常见的伏羲、女娲，对深入认识帛书性质意义至关重要。二文分载《中国文字》26～28 册（1967 年至 1968 年）。这里以帛书文字为主的论著不再一一介绍，详目请参见李零著《长沙子弹库战国楚帛书研究》第 12～28 页"论著简目"部分，中华书局 1985 年版；曾宪通《楚帛书研究四十年》，饶宗颐、曾宪通著《楚帛书》，中华书局香港分局 1985 年版；李学勤《长沙楚帛书通论》，《楚文化研究论集》第一辑，荆楚书社 1987 年版；曾宪通《楚帛书研究述要》，饶宗颐、曾宪通著《楚地出土文献三种研究》，中华书局 1993 年版。

[8] 李学勤《补论战国题铭的一些问题》,《文物》1960 年第 6 期。

[9] 饶宗颐《楚缯书之摹本及图像(三首神、肥遗与印度古神话之比较)》,《故宫季刊》三卷 2 期,1968 年(台湾)。

[10] 关于稿本作者,郭氏在《关于〈晚周帛画〉的补充说明》中指出,原署名蔡季襄,但据长沙负责同志讲实际执笔者为沈伯重,蔡不能写作,仅提供若干资料和意见。然笔者阅读蔡氏《晚周缯书考证》自序和正文后认为,此稿或仍当出自蔡氏之手。

[11] 参见郑振铎《伟大的艺术传统图录》,上海三联书店 1989 年版。

[12] 郭沫若《关于晚周帛画的考察》,《人民文学》1953 年第 11 期。

[13] 据郭文记,1953 年 8 月 22 日考古学家梁思永曾致信郭氏,对《人物龙凤图》提出一种解释,认为"是一幅与当时生活有实际关系的巫术性质的画,龙与凤在进行斗争,象征生命与死亡的斗争,凤象征生命,龙象征死亡。下立的是一位巫女,举手祷告,促使生命克服死亡。"

[14] 除将帛画人物视为"一位好心肠的女子"外,郭沫若在《桃都·女娲·加陵》一文中,又倡新说,认为该女子"可能也就是女娲了。虽然不是蛇尾而是正规的人体,作为'一日七化'中的一化,是可以解释了"。文载《文物》1973 年第 1 期。

[15] 孙作云《长沙战国时代楚墓出土帛画考》,《人文杂志》1960 年第 4 期。

[16]《座谈长沙马王堆一号汉墓》中"关于帛画·唐兰"条,《文物》1972 年第 9 期。

[17] 同 [16],"关于遣册·史树青"条。

[18]《长沙马王堆一号汉墓》(上),第 149 页。

[19] 商志䂬《马王堆一号汉墓"非衣"试释》,《文物》1972 年第 9 期。商文此处所引数字与报告互有出入,报告为璧直径 18.5 厘米,帛画中部和下部的两个下角所垂筒状绦带长约 20 厘米。此外,将璧之直径也算入帛画整体似也不妥。

[20] 刘晓路《帛画诸问题》,《美术史论》1992 年第 3 期。

[21] 孙作云《长沙马王堆一号汉墓出土画幡考释》,《考古》1973 年第 1 期。

[22] 刘敦愿《马王堆西汉帛画中的若干神话问题》,《文史哲》1978 年第 6 期。又见《马王堆汉墓研究》,湖南人民出版社 1981 年版。

[23] 同 [16],"关于帛画·顾铁符"条。

[24] 马雍《论长沙马王堆一号汉墓出土帛画的名称和作用》,《考古》1973 年第 2 期。

[25] 金景芳《关于长沙马王堆一号汉墓帛画的名称问题》,《社会科学战线》1978 年创刊号。

［26］党华《马王堆一号汉墓彩绘帛画名称的考察》，《中国考古学研究论集——纪念夏鼐先生考古五十周年》，三秦出版社 1987 年版。

［27］陈直《长沙马王堆一号汉墓的若干问题考述》，《文物》1972 年第 9 期。

［28］林巳奈夫《中国古玉研究》，第 111～114 页。

［29］同［16］，"关于帛画·唐兰、俞伟超"条。

［30］曹砚农《马王堆汉墓 T 形帛画为覆棺"夷衾"考》，《中国文物报》1998 年 1 月 14 日。

［31］同［16］，"关于帛画·顾铁符、唐兰"条。

［32］安志敏《长沙新发现的西汉帛画试探》，《考古》1973 年第 1 期。

［33］同［21］。另据孙氏《长沙出土的汉墓帛画试释》云："自天以下，至二龙穿璧处为中段，表示死者升仙，为画幅的中心内容。"

［34］陈梦家《战国楚帛书考》，《考古学报》1984 年第 2 期。

［35］李零《长沙子弹库楚帛书研究》第 34～35 页，中华书局 1985 年版。

［36］李零《楚帛书目验记》，《文物天地》1990 年第 6 期。

［37］李零《楚帛书与"式图"》，《江汉考古》1991 年第 1 期。

［38］李零《楚帛书的再认识》，《中国文化》第 10 期。

［39］李学勤《论楚帛书中的天象》，《湖南考古辑刊》第 1 辑，1982 年。

［40］李学勤《楚帛书中的古史与宇宙观》，《楚史论丛》初集，湖北人民出版社 1984 年版。

［41］李学勤《再论帛书十二种》，《湖南考古辑刊》第 4 辑，1987 年。

［42］李学勤《长沙子弹库第二帛书探要》，《江汉考古》1990 年第 1 期。

［43］曹锦炎《楚帛书〈月令〉篇释释》，《江汉考古》1985 年第 1 期；连劭名《长沙楚帛书与卦气说》，《考古》1990 年第 9 期；商志䂉《商承祚教授藏长沙子弹库楚国残帛书》，《文物天地》1992 年第 6 期；《记商承祚教授藏长沙子弹库楚国残帛书》，《文物》1992 年第 11 期。

［44］熊传薪《对照新旧摹本谈楚国人物龙凤帛画》，《江汉论坛》1981 年第 1 期。

［45］帛书画出土伊始往往皆底色深褐，但随着时间的推移深底色会渐渐退去代之以相对浅些的黄灰色，江陵马山 1 号帛画情况也如此。此外，据李零《楚帛书目验记》录，现藏美国赛克勒美术馆的《帛书十二月神图》也曾有底色由褐变白的情况，且变白的原因是由于 1979 年帛书部分发霉，待霉迹脱落后，该处字迹遂变得清晰。因此，香港学者饶宗颐曾饶有风趣地说，若能掌握这种发霉技术，但愿帛书能"重开二度梅（霉）"。

［46］萧兵《引魂之舟——楚帛画新解》，《湖南考古辑刊》第 2 辑，1983 年。

[47] 同〔46〕。

[48] 刘敦愿《试论战国艺术品中鸟蛇相斗题材》,《湖南考古辑刊》第1辑,1981年。

[49] 张正明、滕壬生、张胜琳《凤斗龙虎图像考释》,《江汉考古》1984年第1期。

[50] 王建中《长沙陈家大山楚墓帛画的命名及其它》,《楚文化觅踪》第97～112页,中州古籍出版社1986年版。

[51] 陈建宪《引魂之舟——楚人物龙凤帛画与日本竹原古坟壁画的比较研究》,《楚文化论集》第123～129页,湖北美术出版社1991年版。

[52] 蔡全法《试论楚国人物龙凤帛画的艺术成就》,《楚文化研究论集》第三集,第360～370页,湖北人民出版社1992年版。

[53] 湖南省博物馆《新发现的长沙战国楚墓帛画》,《考古》1973年第7期。

[54] 刘信芳《关于子弹库楚帛画的几个问题》,《楚文艺论集》第111～122页。

[55] 刘晓路《帛画诸问题》,《美术史论》1992年第3期。

[56] 萧兵《楚辞与神话》第46～88页。

[57] 龚维英《嫦娥化蟾蜍非古神话原貌》,《湖南考古辑刊》第3辑,1986年;孙世文《马王堆一号汉墓帛画人首蛇身图考》,《东北师大学报》1987年第1期。

[58] 郭学仁《马王堆一号汉墓帛画内容新探》,《美术研究》1993年第2期。

[59] 彭景元《马王堆一号汉墓帛画新释》,《江汉考古》1987年第1期。

[60] 范茂震《马王堆汉墓帛画新解》,《朵云》1992年第2期。

[61] 俞伟超《马王堆一号汉墓帛画内容考》第154～156页,《先秦两汉考古学论集》。

[62] 颜新元《长沙马王堆汉墓T形帛画主题思想辩正》,《楚文艺论集》第130～149页。

[63] 李建毛《也谈马王堆汉墓T形帛画的主题思想》,《美术史论》1992年第3期。

[64] 刘晓路《中国帛画》第45～46页,中国书店1994年版。

[65] 《河图括地象》云:"昆仑山为柱,气上通天,昆仑者地之中也。昆仑有铜柱焉,其高入天,所谓天柱也。围三千里,周员如削。下有仙人九府治之,与天地同休息,其柱名曰昆仑铜柱。"东方朔《神异经·中荒经》所记略同。帛画非衣之T形上横可代表广阔的天宇,下竖则为昆仑之柱的象征,由此整体T形就形象地反映了天与地。此外,日人曾布川宽也认为,非衣上虽无山峰的描绘,但反映的却是死者于昆仑山升仙的主旨。参见孙毅著录《古微书》卷三十二录《河图括地象》第648～649页,山东友谊书店1990年影印

嘉庆丙子重校镌版；曾布川宽《昆仑山と升仙图》，《东方学报》第 51 册。

[66] 林河、杨进飞《马王堆汉墓飞衣帛画与楚辞神话、南方民族神话比较研究》，《民间文学论坛》1985 年第 3 期。

[67] Wu Hung, Art In A Ritual Context: Rethinking Mawangdui, *Early China*, 17, (1992)。

[68]《长沙马王堆二、三号汉墓发掘简报》，《文物》1974 年第 7 期；《马王堆二、三号汉墓发掘的主要收获》，《考古》1975 年第 1 期。

[69] 金维诺《谈长沙马王堆三号汉墓帛画》，《文物》1974 年第 11 期。

[70] 陈慰民《丰富多彩的汉初帛画》，《湖南日报》1974 年 11 月 10 日。

[71] 中医研究院医史文献研究室《马王堆三号汉墓帛画导引图的初步研究》，《文物》1975 年第 6 期。

[72] 顾铁符《马王堆帛书〈天文气象杂占〉内容简述》，《文物》1975 年第 2 期；席泽宗《马王堆帛书中的彗星图》，《文物》1978 年第 2 期。

[73] 谭其骧《二千一百多年前的一幅地图》，《文物》1975 年第 2 期；谭其骧《马王堆汉墓出土地图所说明的几个问题》，《文物》1975 年第 10 期。

[74] 有关《地形图》，谭其骧最初定名为《西汉初期长沙国深平防区图》，也有人称其为《水陆交通图》；《驻军图》最初又称《边防驻军图》。

[75] 周世荣《有关马王堆古地图的一些资料和几方汉印》，《文物》1976 年第 1 期；朱桂昌《关于帛书〈驻军图〉的几个问题》，《考古》1979 年第 6 期；傅举有《关于〈驻军图〉绘制的年代问题》，《考古》1981 年第 2 期。

[76]《马王堆汉墓帛书》（壹），文物出版社 1980 年版；《马王堆汉墓帛书》（叁），文物出版社 1983 年版；《马王堆汉墓帛书》（肆），文物出版社 1985 年版。

[77] 骆公《对秦汉美术还应再认识》，《美术史论》1992 年第 4 期。

[78] 陈松长《马王堆三号汉墓"车马仪仗图"帛画试说》，《湖南博物馆文集》第 82～87 页，岳麓书社 1991 年版。

[79] 刘晓路《论帛画俑：马王堆 3 号墓东西壁帛画的性质和主题》，《美术史论》1993 年第 4 期。

[80] 周世荣《马王堆汉墓中的人物图像及其民族特点初探》，《文物研究》第二期，黄山书社 1986 年版。

[81] 周世荣《马王堆汉墓的"神祇图"帛画》，《考古》1990 年第 10 期。

[82] 李零《马王堆汉墓"神祇图"应属辟兵图》，《考古》1991 年第 10 期。

[83] 陈松长《马王堆汉墓帛画"太一将行图"浅论》，《美术史论》1992 年第 3 期。

[84] 王胜利《帛书〈天文气象杂占〉中的彗星图占新考》，《马王堆汉墓研究文

集》第 86～95 页，湖南出版社 1993 年版。

[85] 彭浩《〈导引图〉与〈引书〉》，《马王堆汉墓研究文集》第 136～141 页。

[86] 饶宗颐《马王堆〈刑德〉乙本九宫图诸神释》，《江汉考古》1993 年第 1 期。

[87] 曹学群《马王堆汉墓〈丧服图〉简论》，《湖南考古辑刊》第 6 辑，求索增刊 1994 年。

[88] 王子今《马王堆汉墓古地图交通史料研究》，《江汉考古》1992 年第 4 期；曹学群《关于马王堆古地图及其相关的几个问题》，《考古》1994 年第 4 期；刘晓路《从马王堆 3 号墓出土地图看墓主官职》，《文物》1994 年第 6 期。

[89] 傅举有《长沙马王堆汉墓研究综述》（上），《求索》1989 年第 2 期。

[90] 傅熹年《记顾铁符先生复原的马王堆三号墓帛书中的小城图》，《文物》1996 年第 6 期。

[91] 刘家骥、刘炳森《金雀山西汉帛画临摹后感》，《文物》1977 年第 11 期。

[92] 《山东临沂金雀山九号汉墓发掘简报》，《文物》1977 年第 11 期。

[93] 同 [91]；临沂市博物馆《山东临沂金雀山周氏墓群发掘简报》，《文物》1984 年第 11 期。

[94] 王利器《试论轪侯利苍的籍贯》，《人文杂志》1984 年第 5 期。

[95] 王利器文中考利豨名字时也特别指出：豨是战国、秦、汉时代江淮一带地方——也就是当时之所谓三楚的方言，如陈豨，宛朐人，而名豨，利豨分封东海郡，故以东海人的语言名其子为豨。刘晓路《临沂帛画文化氛围初探》中即由此认为利豨生于东海郡，文载《中原文物》1993 年第 2 期。

[96] 徐淑彬《略论金雀山西汉帛画的再发现》，《临沂日报》1998 年 7 月 26 日。

[97] 参见《中国文物报》1998 年 11 月 18 日曹国新文。

[98] 同 [20]。

[99] 刘晓路《帛画的流布、变异与消失》，《美术研究》1993 年第 1 期。

[100] 刘晓路《前后非衣的比较研究》，《江汉考古》1993 年第 4 期。

[101] 同 [20]。

[102] 同 [64]，第 44 页，中国书店版。

[103] 同 [64]，第 2～3 页，上海古籍出版社版。

[104] 同 [99]。

三 帛画的发现

　　与许多古老的东方民族一样，我国先民也相信灵魂不死。对于万物皆不可违的生命由生而灭的自然过程，他们有自己固执而美好的理解，即死不过是向另一世界的过渡，是肉体的死亡、灵魂的永驻，由此而生的就是对死者隆重的祭奠，对地下世界考究的经营和丰厚的供奉。

　　从考古发现看，迄今所见古代帛画主要集中在湖南、湖北、山东、甘肃四省，广州和吉林也偶有发现。以下将按地域对古代帛画的发现加以介绍。

（一）子弹库楚墓出土帛画

1.《帛书十二月神图》[1]

　　早在春秋战国时期，长沙就是楚国的重要邑镇，时称青阳。秦始皇统一中国，置长沙郡，辖今湘东、湘南、广西全州、广东连县及阳山等地，郡治临湘（因濒临湘水而名，今湖南长沙）。历两汉、隋唐至明清，这一地区虽先后经历了改郡为国、复改国为郡的政治变迁，又复有湘州、潭州、长沙府等不同称谓，辖区也或大或小，但长沙始终是这一地区政治、经济、文化的中心。尤其是楚国和长沙国时期，这里作为诸侯国一方重镇，经济发达，丁口兴旺。据不完全统计，仅1952年至1986年三十余年间，长沙近郊发掘的战国楚墓就达一千七百二十座[2]，发掘汉墓千余座，其中西汉前期墓逾四百座[3]。

当然，人们对长沙古墓的认识，并非始于1949年后的科学发掘。早在1920年至1930年间，长沙近郊因烧砖取土，时见古代陶、铜、玉器。后为修筑要塞公路，又多夷山陵为平地，使散布市郊丘陵地带山脊或斜坡上的楚汉古墓暴露于外，盗墓之风狂起，被盗古墓总计达千数以上[4]。

长沙楚汉墓葬因保存条件好坏而有很大不同，曾遭人为破坏、不采用白膏泥（或青膏泥）封闭或白膏泥使用薄厚不均者，往往积水、积泥，木质棺椁腐朽无存，随葬品损坏程度严重；白膏泥使用匀厚坚实而又无人为破坏者则泥水不入，湿度较大，葬具、葬品皆保存较好。因为白膏泥的主要成分是二氧化硅、三氧化二铝、三氧化二铁以及钙、镁、钾等氧化物[5]，实即含杂质的高岭土，水分多，黏性大，分子紧密，用它封闭墓室能很好地隔绝外界的空气，增强防腐效能，且在墓中无氧气和各种有机体分解的情况下，因甲烷菌的作用会产生甲烷气（即沼气），而这种聚集大量沼气的墓，一旦被撬动或凿开，遇到明火便会立即燃烧，故此类墓又被长沙以盗墓为生的土夫子称为"火洞子"[6]。据说至1949年前，由他们盗掘的"火洞子"就有六座之多，《帛书十二月神图》正出于其中。

1942年，任全生等在长沙东南郊子弹库一座古墓内，盗得一批绢质文书，其中就有《帛书十二月神图》，由此揭开了中国帛书和帛画研究的序幕。

1946年，帛书数易其主后流入美国，并以检验之名长期寄存于大都会博物馆。直到1966年才由纽约古董商戴润斋（福保）收藏。两年后，赛克勒医生从戴氏处购入此物。1966年以后，帛书一直是赛氏藏品。1987年，赛克勒美术馆建成后，帛书从纽约移存至该馆[7]。

此外，与这件《帛书十二月神图》同出的，还有其他帛书，故后来学界又多称此书为"第一帛书"。当年蔡季襄曾称，除第一帛书"完整无阙，尚可展视"外，"箧内残缯断片甚多"。后来，残帛中的一部分转藏蔡氏同好徐桢立之手，徐又转赠商承祚[8]，共有十三片，其中最大者已公布于世[9]。另有一部分由商氏之子商志𩾃于1997年捐赠湖南省博物馆[10]。除此之外的其他帛书之"群"[11]，则与《帛书十二月神图》一道由柯强带入美国，长期不能售出，直至1992年才成为赛克勒美术馆藏品。从此，子弹库楚墓所出帛书主体和绝大部分残片皆为美国赛克勒美术馆所藏。

2.《人物御龙图》

20世纪40年代，子弹库楚墓被盗时，据说至少尚有两份不同材料被遗留在该墓椁木间而未能取出[12]。1973年，为了与马王堆1号汉墓进行比较，也为了澄清一些问题，湖南省博物馆组织发掘队，由任全生、漆孝忠、李光远、胡德兴等四人带领找墓[13]，成功重掘该墓，不仅进一步弄清了墓葬的形制、棺椁结构，还出土了一批遗物，其中尤以新发现的帛画《人物御龙图》最有价值。

此墓内棺盖板头端正中有一件青玉玉璧，出土时还带有棕色组带；椁盖板下面的隔板之上偏于中部位置（即盗洞旁）放有帛画《人物御龙图》。此图以绢为地，呈长方形，长37.5、宽28厘米。上端横边有一根很细的竹条，近中部系有一棕色丝绳，用于悬挂。画的左边和下边为虚边。整个画幅因年久而呈棕色，出土时画面向上[14]。这些遗迹、遗物的发现，对于我们研究帛画的功用等有重要参考价值。

有关此墓的年代，据墓中出土的鼎、敦、壶陶器组合看，为战国中期常见，但其中的敦造型又有向后递变的特点（至晚期，不少楚墓用盒取代敦），加之墓内头箱曾出泥金版，而在长沙楚墓中出土泥金版者仅见于战国晚期墓中，因此推测此墓年代当为战国中晚期之交。

（二）马山 1 号墓出土帛画

湖北江陵地处江汉平原西部，因"以地临江"，且"近州无高山，所有皆陵阜"而得名江陵。公元前 689 年，楚国建都纪南城（今江陵城北 5 公里处），从此这里成为楚国的政治、经济、文化中心，兴盛长达四百余年，是长沙以外全国发掘楚墓的另一个集中地。据不完全统计，自 1960 年至 1990 年，江陵发掘楚墓两千余座，而已发现的楚墓更是难以胜数[15]。它们分布于纪南城四野（尤以西北郊为盛），连绵相望，不禁令人感慨郢都往昔的繁华与兴旺。

在江陵数千座已发掘的楚墓中，除天星观 1 号墓、雨台山555 号墓、望山 1 号墓、望山 2 号墓、沙冢 1 号墓等为较大型楚墓外，绝大多数为中小型墓，墓主为下层贵族或一般平民，马山 1 号墓就属于这样的小型墓。该墓中出有保存完好、精美艳丽的丝织品，享有战国"丝绸宝库"之盛誉。

马山地属纪南城以西八岭山余脉岗地，周围密布古冢。1982 年经考古人员清理发掘，从 1 号墓中获取一批珍贵的丝织品和其他重要遗物。此墓与一般楚墓相类，为长方形土坑竖穴，墓坑方向 110 度，封土及墓坑上部填土早年即遭破坏。现存墓口距地表 2.26 米，距墓底 3.24 米，埋葬较浅，但因墓坑下部径直挖在白膏泥地层中，墓坑底部及椁里四周又填以厚达1.76米的青灰泥，墓坑及墓道上部再夯填五花土，故整个墓葬封闭较好，葬具出土时色泽如新。

棺木置于棺室正中，棺内大部分空间被衣衾和衣衾包裹充塞。其中衣衾分上下两层单独置于衣衾包裹之上，大多保存较好。其下即死者的衣衾包裹，内外共十三层，包裹外用九道锦带横扎，扣结方法与马王堆1号汉墓相同。

木棺内外是否髹漆不详，但棺外覆以深棕色绢质棺罩，略同文献上的荒帷。荒帷之上的棺盖一端中部置一棺饰，中部偏右一侧平放一幅帛画（与子弹库帛画位置相近）。质地为极细的白绢，近长方形，长约25、宽约37厘米，上端系卷着一根细竹条。帛画上再加一根纵置、叶梢朝下自然平展的竹枝[16]。棺盖之上如此列置诸物，在楚墓中颇为独特。

总之，马山1号墓具有鲜明的楚墓特征。墓中仿铜陶礼器鼎、敦、壶，为江陵战国中期楚墓常见的组合，各器物造型、竹签牌上的文字形体等又接近中晚期特点，推测此墓应是江陵楚墓中时代较晚的一座，年代为战国中期偏晚或晚期偏早，约公元前340年之后，晚于望山1号等墓[17]。另据一椁一棺及有头箱、边箱的葬具和随葬仿铜礼器和一定数量的铜礼器的情况看，墓主当是士阶层或高于士阶层的等级。墓主为女性，死亡年龄在四十至五十岁。

（三）陈家大山楚墓出土《人物龙凤图》

如果按照约定俗成的称谓，将子弹库以文字为主体、四周配以十二月神等绘画者视为帛书的话，《人物龙凤图》则是我国首幅出于墓葬之中、没有文字的绢质独立式画作。

　　此幅帛画于 1949 年 2 月出自长沙东南郊陈家大山一楚墓中，与前述子弹库楚墓相距仅 2 公里，亦为盗掘品，出土后与其他同出物悉售蔡季襄。1949 年后，蔡氏将帛画交湖南省文物管理委员会保管，并转藏湖南省博物馆至今。

　　由于这幅帛画同处"离坑"状况，给帛画研究带来种种困难。尤其是墓之棺椁制度和帛画出土情况皆不清楚，前后之说多有舛误。

　　据参与盗墓的谢少初回忆，此墓封土完好，有坚固的木椁，椁内有长方形平顶的漆棺，棺的一端和椁之间放置着一些随葬品，两竹篋中分置木梳、篦、假发、丝带、铜带钩各一。此外，还有陶鼎、壶、敦各一，外面皆包以银箔。鼎内有羊脊骨和肋骨，敦中则放置有叠折端正的帛画。另又出桃形陶碟、瓠勺、漆杯各一。至于棺中尸骨，多"保存完整，牙齿洁白，面左枕，长发披于右肩"[18]。1951 年，夏鼐率中国科学院考古研究所长沙工作队在长沙发掘期间，曾问及谢少初，云："帛画系折叠好另放一竹筐内。"[19]这一解说虽释去帛画置陶敦之疑，但也未必准确。后来熊传薪再就此问题请教蔡季襄，蔡回答说："帛画是解放前夕发现的，出土时我没有在场……据土夫子后来告诉我，帛画出土时，它的位置好像是放在竹筒的上面，既没有放在陶敦里面，也不是在竹筒内"[20]。至此，帛画出土位置就有了陶敦内、竹筒内、竹筒上三种不同说法，而来源最终都出自谢氏，可见非科学性发掘给资料的搜集和分析带来了极大的混乱。根据《人物龙凤图》的功用、内容与后来发现的《人物御龙图》、马山 1 号楚墓帛画多有相似、而后两者出土位置又皆在棺上的情况推测，此帛画合理的置放位置可能为椁盖板下面的顶板上。

有关此墓的时代，就已知棺椁情况、陶器组合及器物造型特点等观察，大抵应为战国中期或中期偏早[21]。

（四）马王堆汉墓出土帛画

1．1号墓帛画

在距长沙市中心约 4 公里的东郊五里牌外，有东西向两座高约 16 米的大土堆，它们中间相连，形似马鞍，素被称作马鞍堆。然有好事者将其与十国时期建都长沙的楚王马殷相联系，遂又得名马王堆，清代的许多种方志都赫然这样记载[22]。然而，1951 年至 1952 年经中国科学院考古研究所长沙工作队的调查，断定这里并非五代十国墓葬，而是汉代墓群。

1972 年，考古工作者对马王堆 1 号汉墓进行了科学的发掘[23]。

1 号汉墓的发掘首先匡正了此处为"马（殷）王堆"或汉景帝程、唐二姬之"双女冢"的记载。墓中许多器物上都书写有"轪侯家"三字和"轪侯家丞"封泥及"妾辛追"印章，表明此为轪侯家属辛追之墓，而为 1 号墓封土所覆盖的 3 号墓的新发现，又说明这里本非二冢，而是东、西、南三冢聚集，是早长沙定王刘发母唐姬数十年的西汉初期轪侯家族墓地[24]。

马王堆 1 号墓墓主内棺外横缠两道宽约 12 厘米的帛束六七层。而中国古代美术史上最伟大的发现之一，就是这内棺盖板上覆盖的保存完整、色彩鲜艳的帛画。此画以单层细绢为地，呈棕色。画面作 T 形，上宽下窄，通长 205、上端宽 92、下端宽 48.7 厘米，中部和下部两角缀筒状绦带长约 20 厘米。

帛画出土时画面朝下，放置方向与棺相同。帛画上未置放其他随葬品，除左下侧盖板边楣上放有制作粗陋的三十三个桃枝小木俑外[25]，最突出的是顶端偏左处边饰上放置的一枚系有棕色丝带的缯胎漆璧。

纵观马王堆 1 号汉墓，葬具一椁四棺，属诸侯级葬制，但从棺椁规模看，又多有僭越[26]。随葬器物一千四百余件，多为丝织物、漆木竹器和陶器，而少用金、铜、珠玉之器。据随葬器物的组合和特征及所出泥半两、泥"郢称"、竹简及相关文字特点推测，墓葬年代当在文景时期。又由于此墓随葬漆器及丝织品的风格、图案与公元前 168 年的马王堆 3 号墓很是接近，一些简牍文字甚至出于一人之手，故推定 1 号墓的年代可能晚于此后发掘的 3 号墓数年，为公元前 165 年前后。

2．3 号墓帛画

马王堆 1 号汉墓的发掘及其重大收获，引起国内外极大关注，也促使 2、3 号汉墓的发掘提上议事日程。1973 年至 1974 年，湖南省博物馆和中国科学院考古研究所对 2、3 号汉墓进行了清理发掘[27]。

2 号墓为圆形墓口，墓口以下 6 米为圆筒形，在距墓底 3 米多处又呈方形[28]。3 号墓与 1 号墓相类，但规模稍小，为方形竖穴，墓口以下仅有三层台阶。两墓的斜坡墓道上皆发现东西相对作跪姿、头插鹿角的偶人，葬具皆为一椁三棺。墓葬封闭与 1 号墓一样，也采用由内而外用木炭、白膏泥封围的办法，只是因为白膏泥层分布严重不均，密封效果不好，故两墓保存情况不及 1 号墓，尤其是 2 号墓历史上又曾遭多次盗掘，所以棺椁和随葬品大多朽坏严重。最重要的发现是三颗印章，一为玉质私印，上刻阴文篆体"利苍"二字，另两颗是铜质龟纽鎏金明器官印，分别刻阴文篆体"轪侯之印"和"长沙丞相"，由此确定 2 号墓主乃第一代轪侯、长沙诸侯国丞相利苍，而 1 号墓与 2 号墓并列，且二墓主男居右、女居左，正符合当时夫妻异穴合葬的习俗，由此 1 号墓主辛追的身份遂告解决。

3 号墓封闭不如 1 号墓完好，埋葬也不及 1 号墓深，所幸棺椁葬品多保存完整。从葬具看，规模小于 1 号。虽椁也分作棺室和四边箱，但棺却仅为内外相套的三重，且外棺和中棺皆为素棺，唯内棺髹漆，上加两道帛束后满贴以起绒锦为边饰的绣品。但由于三层棺都有裂缝，棺盖封闭不严，内棺尸敛衣衾及尸体严重腐朽。

马王堆 3 号墓出土随葬品共一千一百余件，从中国绘画史的意义上讲，最重要的发现则是其中的帛画和帛书图画。

（1）帛画

3 号墓所出独立式助丧帛画共有三幅，这在帛画发现史上是首例。这三幅帛画分别见于棺盖之上和棺内东西两壁。

非衣帛画覆盖在内棺上，整个外形略同于 1 号墓帛画，作 T 形，但上无横轴，T 形四角无下垂绦带[29]。全画通长 233 厘米，略长于内棺，上部宽 141、下宽 50 厘米，内容与 1 号墓者大体相同，对照遣策，也应称非衣[30]。

棺壁帛画共两幅，其中西壁帛画为长方形，长 212、宽 94 厘米，画的是车马仪仗场面。全画现存百余人、数百匹马和数十乘车。

东壁帛画尺寸应与西壁帛画相似，但残损严重，已无法看清全貌。如今仅据两块较大的残片装裱了两幅残图，分别名之为《车马游乐图》和《划船游乐图》。另有房屋建筑等残迹，表明此图偏重表现墓主人的现实生活场景。

(2) 帛书图画

东边箱被编为 57 号的长方形漆奁内装的是 3 号墓独有的图书葬品，内中包括帛书和竹木简在内的共十二万余字的古代图书，大部分是失传已久的古籍。它们的出土可以说是继汉初发现孔府壁中古文经、西晋发现汲冢竹书、清末发现敦煌遗书之后的又一次古文献的重大发现，对于古代思想文化和科学技术的研究有着极其重要的意义。

当然，应该特别指出，在这批古佚书中，除少量的"医书"等竹木简外[31]，几乎全为帛书。帛书出土迄今仅见两批，一为子弹库楚墓，一为马王堆 3 号汉墓，二者都出在长沙，但由于前者为非科学发掘，帛书残损甚重且多流失海外，当年随葬帛书数量至今不明，故 3 号墓帛书便成为唯一一批保存完整、数量较多的汉代帛书。

这批帛书集中见于漆奁下层，大部分叠成长方形，放在漆奁的一个格子里，少部分压在两卷"医书"简的下面。全部帛书分别抄写在整幅丝帛或半幅丝帛上。不少帛书或有插图、附图，或为纯粹的图，再现了古代"图"、"书"并茂的书籍原貌。而这类帛书，从严格意义上讲，更应是"图书"[32]。

就现已公布的 3 号墓帛书资料看，含帛图者共十四幅。它们分别是《城邑图》（又称《园寝图》）、《卦象图》（又题《符箓图》）、《导引图》、《地形图》（或谓《长沙国南部图》）、《驻军图》、《太一避兵图》（又有《社神图》、《避兵图》、《太一将行图》等种种命名）、《丧服图》（或题《丧制图》）、《阴阳五行》乙本图、《刑德》甲篇《九宫图》和乙篇《九宫图》（丙篇亦有，残甚）[33]、《天文气象杂占图》、《人字图》（见《胎产书》）、《禹藏图》（见《胎产书》）、《牝户图》（见《养生方》）

等。其中有些纯属帛书文字的示意图，以简单的墨线勾勒，与竹书中的若干图示相近，不具有严格的绘画艺术的意义和独立的研究价值，如上列最后三种[34]；有些为难分主次的图文互注，如《太一避兵图》、《丧服图》、《阴阳五行》乙本图、《刑德》甲乙本中的《九宫图》、《天文气象杂占图》等；又或以图为主，文为图注，如《导引图》、《地形图》、《驻军图》等；或没有文字，纯为帛图，如《城邑图》、《卦象图》等，这一切都反映出这些帛画与帛书或多或少的联系，研究者也往往根据其艺术价值的轻重而给予相应的关注。

总之，3号墓57号漆奁帛书中的帛画或插图，与前述用于丧葬的帛画不同，具有"帛书图画"的性质。主丧者在随葬品分类上将其统归帛书一类，既说明了此类帛画的性质，也反映出时人对书籍概念的理解。

关于马王堆2、3号汉墓的年代，仅从考古地层学现象看，2、3号墓皆被1号墓打破，3号墓又被1号墓叠压在下，其相对年代早于1号墓无疑。又因为2号墓主有印章为证，且史籍又载其死亡时间为吕后二年（公元前186年）[35]，埋葬时间也当为该年前后。3号墓的绝对年代因内中一支"告墓牍"上明言"十二年二月乙巳朔戊辰家丞奋移主葬郎中移葬物一编书到先撰具奏主葬君"而被确定为文帝前元十二年（公元前168年）。根据鉴定，3号墓主为年龄三十余岁的男性，发掘者曾据第二代轪侯死于文帝前元十五年（公元前165年）的记载，认为墓主不是利豨，而是与1号墓为母子关系的、辛追的另一个儿子[36]。傅举有、刘晓路等则分别从3号墓一椁三棺的汉初诸侯葬具制度、非衣上的诸侯旗物、美人才人内官制、诸侯家吏制度和墓中随葬的兵器、《驻军图》、《地形图》、《城邑图》等方面论证墓主即第二代轪侯利狶[37]，并指出木牍确指利狶死年为文帝前元十二年，由此便匡正了《史记》、《汉书》中有关利狶死于文帝前元十五年的说法。

（五）金雀山汉墓出土帛画

临沂位于我国山东东南部，素为鲁南交通要冲和物资集散中心，自汉代起，这里就是东海郡三十八个属县之一，也是田野考古中发现汉墓较为集中的地方。自 1970 年以来，已先后发掘墓葬近二百座，年代以西汉为主。1972 年开始发掘的银雀山 1、2 号汉墓，因出土有以《孙子兵法》和《孙膑兵法》为主要内容的先秦古籍竹简而轰动国内外。四年后，金雀山 9 号墓的发掘，又揭开了这里帛画出土与研究的新篇章。

1983 年至 1997 年，考古人员相继在金雀山、银雀山十几座汉墓中发现帛画。但因保存状况不好，多数已无法辨识画面内容[38]。

1. 9 号墓帛画

1976 年，临岚公路穿过金雀山墓群，有几处墓葬已经暴露，金雀山汉墓发掘组遂对其进行了清理发掘，9 号墓便是其中之一。

此墓为长方形竖井穴木椁墓，挖掘于风化石杂鹅卵石的沉积岩层中。自地表至墓底深达 8.7 米，墓室为南向 192 度。葬具为一棺一椁，套合较紧密。椁室周围均以 10～20 厘米厚的灰膏泥封闭，椁盖板上灰膏泥更厚达 1.2 米，其上再填黄褐色夯土。棺椁皆为榫卯套合。墓主为单人仰身直肢葬。棺内外均髹漆，棺盖及四周再裹以麻布，棺两端各用三股麻绳绕三匝捆绑。随葬品十余件，均放置于椁外西侧另行围起的木板小边箱中。其种类、形制、数量与这里清理的其他汉墓基本相同[39]，唯帛画的发现意义重要。

帛画为长条形，全长 200、宽 42 厘米。全画平铺于棺盖麻布上，上部距棺头下 19 厘米，下部长出棺盖 10 厘米。这种将帛画覆于棺盖上的做法与马王堆汉墓相同，属助丧性质。

此墓的年代约当西汉武帝时期，墓主人为中老年女性。

应该指出的是，包括临沂在内的鲁东南地区，从战国时期起曾归属楚国，其丧葬制度也多受之影响。到了汉代，临沂乃至整个山东境内的西汉墓，从墓葬制度、随葬品器类及其造型等方面看，都与江汉、汉淮乃至原楚故地的同期墓没有多少区别[40]。如上述金雀山 9 号墓，棺盖上还有与数千里之外的长沙马王堆汉墓相类的帛画覆棺，表明山东境内，尤其是鲁东南地区的西汉墓与楚文化有着渊源关系。

2. 13、14 号墓帛画

1978 年，考古人员再次清理出六座墓葬。这批墓葬中，以 14 号墓较为独特，与 13 号墓构成一组，规模较大。两墓椁板上都填塞 1.2 米左右的灰膏泥，故墓葬保存好于其他墓。两墓均有帛画，但因腐蚀过甚，难辨全貌，也未能揭取，仅能看出有交龙及琼阁顶上的瓦垄等图像[41]，推测与 9 号墓帛画内容、形式相类。在这次清理的六座汉墓中都出土有西汉五铢钱，再结合墓葬形制及随葬器特征，推测其年代当属西汉。

3. 31 号墓帛画

1983 年，在金雀山古墓群范围内发现汉墓九座。经清理，九座墓皆为长方形竖穴土坑木椁墓。31 号墓位于九座墓的最南端，是九座墓葬埋葬最深的一座。葬具为一棺一椁。帛画发现

图六　临沂金雀山民安4号墓帛画（摹本）

于棺盖板上，但因腐烂严重，已难以复原[42]。

根据 31 号墓及 27、34 号墓所出器物组合鼎、盒、壶的情况分析，有战国晚期至西汉早期墓随葬陶器组合的特征，而这几座墓又同出"半两"钱，推测它们应为战国晚期至西汉早期墓葬。另据 31 号墓一棺一椁的葬具及随葬品的情况看，墓主大致应属中小地主或低级官吏。而同期发现的单棺无椁、葬品不足十件者则大体为庶人。

4. 民安 4 号墓帛画

1997 年，在南距金雀山 9 号墓仅 300 米处，考古人员清理发掘了四座汉代墓葬。其中 4 号墓椁为亚字形结构，棺椁套合紧密，棺上覆以麻布，并捆以绳索。棺内葬六十至七十岁男性死者，仰身直肢，头东向[43]。

4 号墓中发现了帛画。当考古人员揭开东端第三块椁盖板时，发现棺盖覆有色彩艳丽的帛画。但由于丝帛已朽，帛画已无法揭取，只有棺盖及其覆盖的麻布上留有帛画印痕（图六）。

为保护好画迹，有关部门及时采取措施，在帛画发现的当天，以最短的时间，将棺盖板吊运至室内，对帛画采取了有效的保护[44]。

至于帛画的形状，当与金雀山 9 号墓相类，为长条形竖幅，长短尺度因其上下两端皆残损而难以确定。

民安四座汉墓的形制为以往发掘的金雀山、银雀山汉墓群所习见，其中 4 号墓的形制与金雀山 9 号墓基本相同。推测此四墓的年代皆为武帝前后。

据不完全统计，在金雀山、银雀山已发掘的汉墓中，有十几座墓出有帛画。又据称 1997 年春夏之际，在银雀山西汉初期开阳县尉棺盖上，也曾发现帛画残留。同年，临沂城东盗掘现场另发现两座帛画墓[45]。可见在鲁南临沂一带，至少自汉初就有以帛画附葬的习俗。

（六）武威磨嘴子铭旌

公元前 2 世纪后半叶，汉武帝出兵河西，设置四郡，徙民实边，发展生产，一改往昔胡风炽烈的文化面貌，使河西逐渐成为沟通中原与西北边陲的走廊。武威扼河西咽喉，领秦陇襟要，当风气之先，不仅率先吸融来自中原的生产技术，而且在以汉文化为主体的河西文化的形成发展过程中也发挥了重要作用。自 1956 年以来，考古工作者在这里发现的以磨嘴子、旱滩坡、五坝山为代表的几个较大的汉代墓地、发掘的数百座汉墓和出土的包括简本《仪礼》在内的众多汉简，都有力地说明了这一点。其中磨嘴子铭旌的出土，则为研究汉代帛画制度在河西的发展提供了珍贵的实物资料。

　　磨嘴子位于武威城南15公里的祁连山麓杂木河西岸，是一块凸出的小山嘴，地势起伏，形成丘陵台地。就在这东西宽700、南北长6000米的台地范围内，墓葬分布极其稠密，构成一个规模很大的汉墓群。自1956年至1987年，清理发掘墓葬七十五座。这些墓葬的年代约从西汉末年到东汉中期，个别可到东汉晚期。虽然前后跨度一百多年，又不是同一家族的墓群，但在墓葬结构、葬具、葬俗、葬品等方面表现出相当大的一致性[46]，如棺盖上普遍放粮袋和内盛食物的草篼。男棺上往往放置麻鞋一双。铭旌、鸠杖和简册也多置于棺盖上。

　　磨嘴子汉墓墓主大多为普通官吏和平民。由于墓葬群多遭盗掘扰乱或人为破坏，许多墓葬内的原始状况不复存在，铭旌的使用也不能尽知。根据报告，七十五座墓葬中有六座保存或残留铭旌，另有一座出有丝质镇墓券。

1．1、4号墓铭旌

　　1、4号墓是1956年11月当地整地修渠时发现的五座墓葬中的两座，其中4号墓被挖毁，1号墓则保存完好。经清理知其为单室土洞墓，黑漆木棺。男尸作仰身直肢葬，出土陶、釉陶、木、漆器及丝织品若干。"丝织残幡一片一小包，浅红色，上有墨书，字迹不清。其中一片较大，残长90、宽50厘米，置于棺盖上"[47]，应为铭旌。

　　4号墓墓葬结构与之相同，随葬品仅收集到的漆盆和漆耳杯各一件，但棺的铭旌则较完整地保存下来。此铭旌为红色丝麻织品[48]，长206、宽45厘米，下端残蚀，覆于棺上，长过棺。铭为篆体墨书"姑臧西乡阉道里壶子梁之［柩］"一行，两旁另有图绘。"最上端两角画为圆券，券内隐约看出似为动物形，下部接续画虎，再下全为云纹"[49]。

读《周礼》，知我国古有书死者名于旌并用以表柩的制度，称铭旌，汉代又称柩。但究竟视之若何，向无实物资料。今 4 号墓所出丝麻织物作长条之形，上书死者乡里、姓名，覆于棺上，正为古之铭旌、汉之柩[50]。其两侧上端的"圆券"，实为日月，当与"为铭，各以其物"[51]之物有关，是早期图画铭旌之孑遗。时代为东汉初期至中期。

2. 22、23 号墓铭旌

从 1959 年 5 月至 11 月底，甘肃省博物馆文物队在磨嘴子又相继清理了三十二座汉墓，其中 22、23 号墓发现了铭旌。

22 号墓墓室后部置夫妇双棺[52]，其中之一上覆铭旌。从铭旌长 22、宽 37 厘米的规制看，显然是长过棺而宽却不及棺，为窄长的条形，铭为篆书"姑臧渠门里张□□之柩"（之柩二字为合书）一行，墨书于深赭色丝织品上[53]。

23 号墓发现的铭旌为淡黄色麻布，"四周镶以稀疏赭色、形似薄纱之织品，左右约 10 厘米宽，上宽倍之"[54]。铭旌全长 115、宽 38 厘米，上端用一普通树枝为轴，篆体墨书"平陵敬事里张伯升之柩过所毋哭"两行。铭文之上各作一径约 15 厘米的圆形，"内绘四灵之二，左为朱地黑乌，右为墨绘回龙而身涂朱者"[55]。

此铭旌出土至少说明三个问题。第一，墓主故里为平陵，地在陕西咸阳西北，表明他是西迁的中原人；第二，铭旌形作上略宽的幡幢，顶端有横轴，铭中又有"过所毋哭"，表明葬此旌前曾高悬竿端，行于柩前，因习俗禁哭，故书此以告送者；第三，铭旌覆棺盖上，说明它是先用于张举继而覆柩而葬，与《仪礼·士丧礼》上某些记载恰可相互对照。

两墓时代亦当为东汉前期或中期。

此外，在 15 号墓棺盖上亦发现一深赭色丝织品，长 59、宽 45 厘米，左上角残缺。隶体朱书共四行："姑臧北乡西夜里女子□宁死下世当归冢次□□□□水社毋□河留 □□〔有天〕帝教如律令。"显然此非柩铭，其"有天帝教如律令"句，表明此物实乃镇墓券或"引路"之属[56]。

3. 49、54 号墓铭旌

49 号墓是 1972 年三四月间为配合农业建设而在磨嘴子清理的三十五座汉墓之一，也是此次发掘中保存状况较好的一座。该墓仍为带斜坡墓道的长方形单室土洞墓，葬器包括陶、木、漆、铜器等。可惜墓中出土的铭旌残迹因报道不详，相关情况不明。

在同期清理的 54 号墓中，也发现一件铭旌，且保存完好。铭旌为绢地，形制与 4 号墓铭旌的描绘略同，也为单行的墨书篆文，铭为"姑臧东乡利居里出□"。铭文上端左右分画日月，日中有三足乌和七尾狐，月中有蟾蜍和玉兔[57]。

综上所述，迄今磨嘴子汉墓群中见诸报道的铭旌墓共有六座，时代皆为东汉前中期。其中 22 号墓铭旌俱为文字，1、49 号墓铭容旌内不详，4、23、54 号墓铭旌既有铭又有圆形图像。尽管圆形之内因图像漫漶不清，过去曾有绘龙、虎、乌种种解说，实际上即日月及金乌、蟾蜍、玉兔等形象，是马王堆汉墓以来汉代绘刻的常见题材日像与月像图。又由于 23 号铭旌上端横轴的存在，使它看上去与马王堆非衣乃至江陵马山 1 号墓、子弹库楚墓帛画在使用方式上一脉相承。因此，此类铭旌具有同种性质。由于 4 号墓铭旌仅见文字描绘而无图像资料发表，23、54 号墓铭旌便成为我们研究东汉帛画有限的实物资料。

（七）象岗汉墓出土帛画

广州古称番禺，地处珠江三角洲北缘，西、北、东三江交汇处，水路交通发达，经济富庶。始皇通五岭，于两广分设南海、桂林、象郡三郡，以番禺为南海郡治。秦汉之际，中原战乱，郡尉赵佗以其地距中土遥远，汉廷鞭长莫及，遂据岭南三郡建南越国，至元鼎六年（公元前 111 年）为汉武帝所灭。迄今在广州发掘的四百余座汉墓，半数以上就是南越国时期的，它们主要集中于市区东北方的华侨新村、淘金坑和北郊三元里马鹏岗。从所出众多的带职官衔的陶文分析，应属南越国贵族、官吏墓地。而从墓葬形制，随葬的铁、漆、铜、陶器的器形等方面看，则与楚地长沙出土的战国至汉初同类器物相近，显现出清晰的楚文化的影响[58]。

1983 年 8 月至 10 月，考古人员在广州西北部的象岗发掘了第二代南越王赵眜的石室陵墓[59]。此墓位于象岗山深处，墓底距原来岗顶深约 20 米。墓道南向。墓门前筑墓室，分前室、主棺室、后藏室和东西耳室、东西侧室共七室。全墓建筑面积约 100 平方米，平面呈古字形。

随葬器物共有数千件之多，包括宴乐、饮食衣冠、车马帷帐、弓矢甲胄、玉帛和玩赏之属，其中尤以玉器和青铜器为最多。

墓中西耳室发现有帛画，仅两三小块，出土时已残碎不堪。画面大的如拇指盖，小的仅如指尖大小。就所见实物分析，是在绢底上用红、黑、白三色描绘，见有花瓣纹、直线纹等[60]，表明其与马王堆 3 号汉墓《车马仪仗图》帛画相类。

　　据考古实物及文献资料分析，墓主赵眜大约卒于元朔末或元狩初，即公元前122年，入葬年代当在此年或稍后。

　　综合以上十余座墓葬的资料，现列表分析，以便进行深入的研究（见表一至三）。

表一　　　　魂幡、非衣、仙幡、铭旌一览表

名　称	时　代	尺　寸	保存状况	出土时间	现藏地点
《人物龙凤图》	战国中期（或中期偏早）	长28、宽约20厘米	基本完整，画面清晰	1949年	湖南省博物馆
马山1号墓帛画	战国中晚期之交	近长方形，长约37、宽25厘米	残，画面不清	1982年	荆州博物馆
《人物御龙图》	战国晚期	长37.5、宽28厘米	基本完整，画面清晰	1973年	湖南省博物馆
金雀山31号墓帛画	战国后期至西汉早期		残甚，未能保存	1983年	
银雀山人大宿舍汉墓帛画	西汉初期		仅残存帛画痕迹，未能揭取	1997年	
马王堆3号墓非衣	西汉前期（约公元前168年）	T形，通长233、上部宽141、下部宽50厘米	基本完整，略有残缺	1973年至1974年	湖南省博物馆
马王堆1号墓非衣	西汉前期（约公元前165年）	T形，通长205、顶宽92、下部宽48.7厘米	画面完整，图像清晰	1972年	湖南省博物馆
金雀山9号墓帛画	西汉武帝前后	长条形，长200、宽42厘米	残，保存部分画面，尚清晰	1976年	不　详

名　　称	时　　代	尺　　寸	保存状况	出土时间	现藏地点
金雀山13 号墓帛画	西汉武帝前后		残甚，未能保存	1978 年	
金雀山14 号墓帛画	西汉武帝前后		残甚，未能保存	1978 年	
金雀山民安 4号墓帛画	西汉武帝前后	上下两端皆残，故原尺寸不清	残，未能揭取，存棺盖上	1997 年	临沂市博物馆
磨嘴子1 号墓铭旌	东汉初期至中期	残长 90、宽50 厘米	不　详	1956 年	不　详
磨嘴子4 号墓铭旌	东汉初期至中期	长 206、宽45 厘米	基本完整，图像可辨	1956 年	甘肃省博物馆
磨嘴子23 号墓铭旌	东汉前期至中期	长 115、宽38 厘米	基本完整，图像可辨	1959 年	甘肃省博物馆
磨嘴子49 号墓铭旌	约当东汉中期（公元126 ～ 167年）	不　详	不　详	1972 年	
磨嘴子54 号墓铭旌	约当东汉中期（公元126 ～ 167年）	不　详	保存完整，图像可辨	1972 年	甘肃省博物馆
磨嘴子22 号墓铭旌	东汉前期至中期	长 220、宽37 厘米	保存完整	1959 年	甘肃省博物馆

表二   **棺壁帛画简表**

名　称	时　代	尺　寸	悬挂位置	保存状况	出土时间	现藏地点
《车马仪仗图》	约公元前168年	长212、宽94厘米	马王堆3号墓内棺东壁	大体完整，画面清晰	1973年至1974年	湖南省博物馆
《车马游乐图》《划船游乐图》	约公元前168年	长68.7、宽34.9厘米，长17.2、宽33.7厘米	马王堆3号墓内棺西壁	西壁帛画残片之一。画面大体可辨西壁帛画残片之二。画面大体可辨	1973年至1974年	湖南省博物馆
《车马仪仗图》残片	约公元前122年		南越王墓西耳室	仅有2~3厘米大小见方的残片数块	1983年	不　详

表三   **楚汉帛图画一览表**

名　称	时　代	尺　寸	保存状况	帛图形式	出土时间	现藏地点
《十二月神图》	战国晚期	长47、宽38.7厘米	基本完整，图像较清晰	图文互注	1942年	美国赛克勒美术馆
《太一避兵图》	西汉文帝前后	长43.5、宽45厘米	基本完整	图文互注	1973年至1974年	湖南省博物馆
《天文气象杂占图》	西汉文帝前后	长150、宽48厘米	残半。残存图像较清晰	图文互注	1973年至1974年	湖南省博物馆
《丧服图》	西汉文帝前后	长26.2、宽48.4厘米	残半。残存部分较清晰	图文互注	1973年至1974年	湖南省博物馆
《小城图》	西汉文帝前后	约占两幅，平面近方形	残毁	图文互注	1973年至1974年	

续表三

名　称	时　代	尺　寸	保存状况	帛图形式	出土时间	现藏地点
《导引图》	西汉文帝前后	长 100、宽 50 厘米	基本完整。图像较清晰	以图为主	1973 年至 1974 年	湖南省博物馆
《地形图》	西汉文帝前后	长 96、宽 96 厘米	基本完整	以图为主	1973 年至 1974 年	湖南省博物馆
《驻军图》	西汉文帝前后	长 98、宽 78 厘米	基本完整	以图为主	1973 年至 1974 年	湖南省博物馆
《城邑图》	西汉文帝前后	长 52、宽 52.5 厘米	残　半	纯　图	1973 年至 1974 年	湖南省博物馆
《封象图》	西汉文帝前后	长 48、宽 51.5 厘米	基本完整	纯　图	1973 年至 1974 年	湖南省博物馆
《阴阳五行》乙本图	西汉文帝前后			帛书图示	1973 年至 1974 年	湖南省博物馆
《刑德》甲篇《九宫图》乙篇《九宫图》丙篇《九宫图》	西汉文帝前后	完　整　完　整　残　甚		帛书图示	1973 年至 1974 年	湖南省博物馆
《牝户图》	西汉文帝前后			帛书插图	1973 年至 1974 年	湖南省博物馆
《人字图》	西汉文帝前后			帛书插图	1973 年至 1974 年	湖南省博物馆
《禹藏图》	西汉文帝前后			帛书插图	1973 年至 1974 年	湖南省博物馆

　　根据上面三表的内容分析，至少可以反映以下几个问题：

　　第一，迄今为止，帛画的发现地点主要集中在长沙、临沂、武威、江陵、广州五地，其中又以长沙、临沂、武威三处最为集中。由于长沙发现的帛画较为典型，内容诡谲费解，形式又浪漫绮丽，带有浓烈的楚文化风貌，而鲁南临沂和广州一带又或曾为楚地，或为楚文化波及区，故有学者认为以帛画附葬应是楚文化特有的现象[61]。应该承认，这种观点较客观地反映了考古中帛画的发现情况，但考古发现既不等同于地下的全部埋藏，更远不能涵盖历史的存在。学界一般认为，帛画附葬与当时丧葬巫仪活动有关，而这种活动很可能不仅在楚地盛行，而是中原诸侯列国都存在的现象。从前述荥阳以帛包裹童尸、洛阳以帛覆椁和《楚辞·招魂》特别提到的"秦篝齐缕，郑绵络些"等，都可以看出中原丧葬用帛前后的传承关系及中原诸国亦可能有使用魂帛的习俗。从"三礼"中对铭旌制度详尽的阐述，以及现今帛画墓南及五岭、东至于海、北至吉林[62]、西达于河西走廊的地理分布的广阔性和迄今南北地方仍有魂幡等帛画类助丧子遗形式的存在等情况看，帛画附葬也是战国至两汉并不少见的现象。再就发现帛画的楚汉墓看，从墓室棺椁营建和置放、棺盖封缄与棺束方法、棺盖板平面布置方式、随葬品陈列原则、尸体捆系包裹形式[63]、覆面、口琀、手握设置等方面，都显示出彼此的相似或承袭关系，说明虽然帛画墓时间前后跨度数百年，地域分布辽阔，但却在丧制上表现出相当规制的特点。如此，帛画附葬在当时也当具有一定的普遍性。帛画墓发现数量较少和大多集中于楚地，则主要应从纤维质的丝帛保存条件、楚地埋葬方式与地理环境等方面考虑。

从我国古代木质葬具制度发展情况看，至少在新石器时代中期，山东的大汶口文化就出现了木椁墓的构筑，随即木椁墓作为我国早期墓葬的主要形式长盛不衰，直到汉代以后，才渐次为砖室墓取代。但这些木椁墓及纤维物质如丝麻、竹木器等随葬物品能在北方地区完好保存下来的为数不多，因为这些物质能否长久保存地下，受到气候、土质、水位和埋葬条件等多种因素的制约。一般来说，干燥低温或密封、深埋和潮湿都有利于这类物质的保存，前者如我国西北的新疆、甘肃等地，后者如湖南、湖北。不具备上述条件的我国中原广大地区，墓葬的棺椁及一些有机质的随葬品，都保存状况不佳或者根本无法保存。以先秦北方列国墓为例，它们虽与楚国墓一样是深埋，但其土多为沙质，带碱性，与楚地的黏质土和带弱酸性或中性的土质相比，密封较差，对纤维物质的腐蚀性、破坏性也较大。在棺椁封闭上，楚地特以白膏泥或青膏泥围封棺椁四周，北方列国墓不仅不用黏性大的白膏泥封填，反在填土中积石、积炭，这样做有益于防盗却不利于密封。此外，南方楚地气候潮湿，墓葬深埋便使之处于摄氏 13 度左右的低恒温状态，加之雨量充沛，地下水位高，有些墓更是处于积水浸泡之中，从而构成一个与空气隔绝的环境[64]。因此，在中原和北方地区先秦乃至汉代墓中不易见到的木质棺椁、漆木竹器、丝麻织品等，在楚地墓葬中却多有保存，有些甚至完好如初。

南越王王陵是迄今所见唯一一座在石室墓中使用帛画者，此现象或是其与长沙国相邻、受楚文化影响使然，或与南越王乃中原南迁之人，遂将以帛画附葬的中原习俗带入岭南有关。武威远在西北边地，却发现与楚地非衣有源流关系的铭旌数幅。尽管这里的死者多为内地实边的开拓者及其后代，但若将这种棺覆铭旌的做法解释为由楚地先移民至关中、再由关中移居西北的楚人带至武威的楚地习俗未免过于牵强[65]。如果说，随葬帛画也同是中原北方地区的习俗，而由这些实边者带入西北并因这里干燥低温的条件而得以保存，似乎更具合理性。当然，应该说明的是，磨嘴子帛画保存状况多不佳，恐与埋葬条件不甚理想有较大关系。总之，以帛画附葬在先秦、两汉当为一种通制，迄今发现的帛画墓多集中在楚地和西北，主要是因这里埋葬条件较好，不能排除今后在此二地以外发现帛画墓的可能。

第二，对于帛画，出于不同的角度可以有不同的分类。由于现存帛画主要是以埋葬墓中的丧葬用物和书籍两种形式存在，因此我们可以将它分为以下两大类：一类是用于丧葬的独幅式帛画，一类是作为随葬图籍的一部分、与帛书共存的帛画。如果以帛画内涵与性质为依据，我们又可将其分为三大类：一类是以死者魂像为主或用以铭枢的魂幡—铭旌类，一类是棺壁帛画，一类是帛书图画。很显然，帛画墓中的帛画以第一类也即覆棺使用者为大宗。在全部帛画墓中，除子弹库楚墓和马王堆3号墓出帛书图画、马王堆3号墓出悬棺壁帛画和象岗南越王墓帛画外，其他诸墓帛画皆覆于棺盖上，显示出共有的使用功能。而由于此类帛画内容和表现形式又有着前后不同的变化，其性质也当是前后有别的。如果早期以墓主人形象为主的帛画意在画死者魂像以达到招魂复魄与引魂升天目的的话，随着时间的推移，此类帛画便渐次走向不同的发展道路。一种为铭旌性质不断加强，文字渐次取代图画，其性质也日趋走向表枢，以至于发展为彩帛墓志[66]，并最终消失；另一种仍类铭旌，但不再随葬墓中，而是悬挂灵堂，在随后祭奠死者的仪式中焚烧。近世尚存的图文并茂或有文无图，甚至无文无图的魂幡、祭帐等，便当为此类覆棺帛画之孑遗。

第三，目前发现帛画墓的年代上限为战国中期（或中期偏早），下限为东汉中期，时间跨度约五百年，但这并不是帛画的起讫年代。从上述帛画功用与性质看，现在帛画的主类为魂幡—铭旌，与人们的魂魄信仰有关。而先民对灵魂不灭的祈盼和向往早在新石器时代的墓葬中就有所反映，不过当时还很朦胧，加之对天地神秘力量的畏惧，对于亡灵远不能"主宰"。春秋、战国时期以后，人们对于灵魂的主宰开始逐渐有了自信，以魂幡为中介沟通亡者魂魄成为实现永生的可行性"手段"。但这一切并不能说明春秋、战国时期以前就没有帛画。前述洛阳近郊殷人墓彩绘布缦、帛帐的使用功能虽与楚汉帛画并不等同，但从其用于助丧的功用看，楚汉帛画必与之有着某种源流关系。

至于帛画下限，目前所知的东汉中期倒很可能接近历史真实。因为从魂幡和帛书图画两大类帛画看，前者的发展轨迹在已知帛画墓中反映较为清楚。如上所述，其趋向之一是向铭柩发展直至走向消亡，趋向之二是不再以之附葬，因此在墓葬中也就不会再出现。后者以图附于书的形式存在。随着我国古代图书载体的变化，造纸术的提高，缣帛也渐次退出作为书籍主要材料的历史舞台。至于表现现实生活题材的棺壁帛画，后来多发展为墓葬壁画和画像石、画像砖。后世具有独立性质的绢帛宗教、人物、山水画等，也已另有归属，不再属于我们所界定的帛画范畴了。

第四，迄今发现的帛画墓墓主皆为贵族阶层，其中身份最高者为南越王赵眜，墓葬制度与西汉诸侯王相类；其次是马王堆1号墓主辛追，葬具一椁四棺，若按古制"天子棺椁七重，诸侯五重，大夫三重，士再重"的规定，已达于诸侯级，而墓主的身份实为汉初列侯夫人，显然已是僭越。不过从考古实例看，随着秦汉葬制的变化，西汉诸侯王葬制多不依古制，而是或为"黄肠题凑"木椁墓，或为多墓室的石室墓。长沙咸家湖的吴氏长沙王和王后墓葬即为前种墓制。与此相较，作为长沙国丞相、列侯之爵的轪侯夫人用一椁四棺也在情理之中。再次为马王堆3号墓主，第二代轪侯利豨，按汉初"大者王，小者侯"的二等爵制，轪侯属第二等爵，位低于古制及汉制的诸侯王，葬具一椁三棺正符合其低于诸侯王而高于大夫的身份，也符合古制。除上述三墓墓主贵为诸侯、列侯外，迄今所见的二十余座帛画墓墓主多为中下层贵族，其中仅子弹库楚墓为一椁二棺大夫级，余皆为士等级的低级贵族，甚至就是普通的地主阶层。葬具皆为一椁一棺，随葬品多为仿铜陶礼器、一般木漆器等，只有马山1号墓主另随葬青铜器十八件，身份似略高。

传曰"礼不下庶人"，这种帛画多见于有一定身份地位的墓主的情况，是否也是当时"礼"的表现之一呢？若从招魂或引魂礼仪的角度考察，恐怕最初并不是人人都可以举行这种仪式的。在商代，只有商王"不死"的列祖才能成为"上帝"（即上天之帝）或上帝之"宾"；在周代，最高统治者称"天子"也即"天帝"之子，"天帝"乃是其"永生"的先祖；战国、秦汉虽然神仙不死的思想颇盛，但能将祈求"不死"搞得轰轰烈烈的也不过是秦皇汉武，一般身份的贵族官吏则只能希冀于死后的灵魂永驻，招魂引魂之仪或即因此而生。至于下层贫苦百姓，或限于"礼"和身份地位而不能举行招魂类仪式，也不能用棺椁套合的葬具。若从稍后的铭旌制度考察，似乎也有利于支持此说。按郑玄所注，铭旌乃人之"神明"，这正暗示着它与魂幡的承继关系，"三礼"详细阐述铭旌制度，分明显示了它与贵族阶层的"礼"的重要关系，因此可以说铭旌最初也是仅限于贵族阶层使用的。然而，平民百姓何以表"柩"呢？1987年，在山东邹城邾城遗址内张庄西北，曾发现战国早期砖文墓志；1979年，在陕西临潼赵背户墓地，发现秦代瓦文墓志；1964年，在洛阳东汉刑徒墓地出土瓦志或砖文，这些似乎都是为地位卑微的刑徒表"柩"[67]。然迄于东汉初年，出土近五十件随葬品、属于中型砖室墓的姚孝经墓也附有砖志，表明在当时较富裕的中产阶层也使用砖志[68]。由此可见，在是否使用铭旌表柩上，似乎也存在着一条鸿沟。即便到了后来石墓志普遍的时候，能置墓志、墓碑者也大都是官宦贵族或其亡父母。因此，我们似乎可以说先秦两汉的魂幡铭旌是专供贵族尤其是中下层贵族所使用的。

注　释

[1] 此即俗称的子弹库帛书，因该书初现即由蔡季襄命名为缯书（后又通称帛书），研究者所偏重的也多为其上的文字，故此约定俗成。其实严格讲此书应称为帛图书，其周边十二月神不仅是帛书的有机组成部分之一，而且对理解研究帛书有重要意义。为了突出十二月神作为帛画之一种的地位，也为了与该墓出土的其他帛书相区别，这里特称之为《帛书十二月神图》。

[2] 发掘数据参见高至喜《楚文化的南渐》第102～106页，湖北教育出版社1996年版。另郭德维《楚系墓葬研究》一书15页载："已发掘的楚墓约有6000座，仅长沙一地已发掘2000余座。"

[3] 中国社会科学院考古研究所编《新中国的考古发现与研究》第426页，文物出版社1984年版。

[4] 中国科学院考古研究所湖南调查团《长沙近郊古墓发掘记略》，《文物参考资

料》1952 年第 2 期；中国科学院考古研究所《长沙发掘报告》，科学出版社
1957 年版。

[5] 参见湖南省博物馆《长沙楚墓》，《考古学报》1959 年第 1 期。

[6] 出火之墓汉已有之，如《汉书·外戚传》第六十七下载：为改葬陪葬渭陵的
丁姬至定陶，王莽时曾"开丁姬椁户，火出炎四五丈，吏卒以水沃灭乃得
入，烧燔椁中器物。"王充《论衡·死伪篇》也曾记此一事件，谓"改葬定陶
共王丁后，火从葬中出，烧杀吏士数百人。"商承祚、柯强也多闻记长沙
"火洞墓"。为释疑惑，商氏还特地采访了 1939 年 2 月长沙南门外阿弥岭木
椁墓喷火时被烧伤的土夫子苏三。详见商氏《长沙古物闻见记》附录"跋柯
克思‘中国长沙古物指南’"，第 5～6 页，中华书局 1996 年影印版。

[7] 被盗墓葬的古物给科学研究带来的最大问题就是"离坑"和"失群"，前者
破坏了判定墓葬地层与时代的科学依据，后者缺乏同坑所出器物的横向比
较。整合的先决条件，是从收藏源流入手，顺藤摸瓜，力求找到其"坑"和
"群"。因此，对于流散文物，中外学者莫不重视对其收藏源流的研究。以楚
帛书为例，从蔡季襄、商承祚到林巳奈夫、巴纳，都致力于此，李零更是屡
次往来中美之间，不遗余力网罗逸闻，采访当事人，终于能在帛书出土半个
多世纪后的今天，昭宣帛书外流中的讳莫如深，澄清帛书收藏源流的基本史
实。详见李零《楚帛书的再认识》第二部分"楚帛书的来历"，《中国文化》
第 10 期。

[8] 参见商承祚《战国楚帛书述略》，《文物》1964 年第 9 期。

[9] 商志覃《记商承祚教授藏长沙子弹库楚国残帛书》，《文物》1992 年第 11 期。

[10] 参见《楚帛书回归故里》，《中国文物报》1997 年 12 月 7 日。

[11] 有关子弹库楚墓出土帛书为几种，至今还难以明辨。蔡季襄指出帛书不止一
件；商承祚认为，残帛有朱栏和墨栏两款，知有两张；林巳奈夫、巴纳也都
先后探讨过《帛书十二月神图》上残存的另一帛书印痕；李学勤曾撰专文探
讨第二帛书，并指出当时同出帛书当在两件以上；商志覃则直言至少当有三
种帛书。详见商承祚《战国楚帛书述略》；林巳奈夫《长沙出土战国帛书
考》，《东方学报》36 卷，第 53～97 页，1964 年；Noel Barnard, *Scientific
Examination of an Ancient Chinese Document as a Prelude to Decipherment——
Translation and Historical Assessment*, pp.11～12, Australian National Uni-
versity, Canberra, 1971；李学勤《长沙子弹库第二帛书探要》，《江汉考古》
1990 年第 1 期；商志覃《记商承祚教授藏长沙子弹库楚国残帛书》，《文物》
1992 年第 11 期。

[12] Noel Barnard, *The Ch'u Silk Manuscriipt − Translation and Commentary*, p.3. 此外，此书第 2 页还附有帛书所藏位置示意图。

[13] 参见李零《楚帛书的再认识》，《中国文化》第 10 期。

[14] 湖南省博物馆《长沙子弹库战国木椁墓》，《文物》1974 年第 2 期。

[15] 此处发掘楚墓数字引自郭德维《楚系墓葬研究》第 15 页，而据该书第 7 页的介绍，仅以江陵雨台山楚墓地统计，该地的楚墓至少有 5 万座以上，再加上江陵以外楚墓，已知的楚墓数量将是十分惊人的。

[16] 湖北省荆州地区博物馆《江陵马山一号楚墓》第 8~9 页，文物出版社 1985 年版。

[17] 同 [16]，第 95 页。

[18] 有关陈家大山墓葬情况可参见《人民文学》1953 年第 11 期郭沫若《关于晚周帛画的考察》一文中所引蔡季襄文和商承祚《长沙发掘小记》一文。二文皆据土夫子传闻记，可互为补充。其中商承祚文中所讲更多为谢少初所言，因为谢氏 1949 年后曾参与湖南的考古调查发掘，1952 年至 1953 年间协助顾铁符、商承祚在长沙进行的抢救性发掘，与商氏就长沙往昔盗墓之事多有交谈。

[19] 郭沫若《关于〈晚周帛画〉的补充说明》一文引夏鼐信，《人民文学》1953 年第 12 期。

[20] 熊传薪《对照新旧摹本谈楚国人物龙凤帛画》，《江汉论坛》1981 年第 1 期。

[21] 郭沫若《关于晚周帛画的考察》中附有陶敦图，造型大致为底盖等大，整体作球形，纽足或作向向双卷式，与湘东、湘中战国中期陶敦形略同。参见高至喜《楚文化的南渐》第 126~128 页。

[22] 参见何介钧、张维明编写的《马王堆汉墓》第 4~6 页，文物出版社 1982 年版；《长沙县志》卷三十，清同治十年刻本；《善化县志》卷二十三，清光绪三年刻本。

[23] 参见湖南省博物馆、中国科学院考古研究所编《长沙马王堆一号汉墓》（上集），第 2 页，文物出版社 1973 年版。

[24] 据傅举有《长沙马王堆汉墓研究综述（上）》载："据新华社统计，全世界 160 多个国家和地区的报纸，几乎都毫无例外地对此进行了报道，成为当时世界上一大新闻。"文载《求索》1989 年第 2 期。

[25] 据王充《论衡·谢短篇》卷十二"立桃象人于门户"的记载，此是为了厌胜避邪，驱逐鬼魅，保佑死者，也表明内棺实为亡灵居处的最后一道门户。参见《论衡》第 199 页，上海人民出版社 1974 年。

［26］参见史为（夏鼐）《长沙马王堆一号墓的棺椁制度》，《考古》1972 年第 6 期。

［27］湖南省博物馆、中国科学院考古研究所《长沙马王堆二、三号墓发掘简报》，《文物》1974 年第 7 期。

［28］傅举有、陈松长《马王堆汉墓文物综述》第 2 页，湖南出版社 1992 年版。

［29］迄今为止发表的材料中都未提到 3 号墓非衣上有横杆、下有垂带之制，在多处发表的 3 号墓非衣也多无此二项。此外，有关 3 号墓棺盖上的情况也不甚了了。2 号汉墓棺椁上层已残腐，是否用非衣不可考，但从其出土物中有玉璧一项计，或有可能像 1 号那样用于棺盖板顶端。3 号墓遗物中似无玉璧出土，参见《长沙马王堆二、三号汉墓发掘简报》，《考古》1975 年第 1 期。

［30］中国科学院考古研究所、湖南省博物馆《马王堆二、三号汉墓发掘的主要收获》，《考古》1975 年第 1 期。

［31］经整理，这些医书主要有《十问》（竹简）、《合阴阳》（竹简）、《杂禁方》（木简）、《天下至道谈》（竹简），详见《马王堆汉墓帛书》（肆）第 1～2 页，文物出版社 1985 年版。

［32］有关帛书的种类，参见晓函《长沙马王堆汉墓帛书概述》，《文物》1974 年第 9 期；李学勤《记在美国举行的马王堆帛书工作会议》，《文物》1979 年第 11 期；《马王堆汉墓帛书》（壹），文物出版社 1980 年版；李学勤《马王堆帛书与〈鹖冠子〉》，《江汉考古》1983 年第 2 期；《马王堆汉墓帛书》（叁），文物出版社 1983 年版；《马王堆汉墓帛书》（肆），文物出版社 1985 年版。另从现已出土的简帛书籍看，竹书一般只有文字而没有图画，迄今仅有睡虎地秦简《日书》甲种附有《艮山图》、《视罗图》、《人字图》、《置室门图》和乙种附《视罗图》等，这主要是因为竹书乃条续竹简编缀而成，不易图绘。另外，也有以木板绘制地图的，如甘肃天水放马滩秦地图等，但为数甚少。唯帛书以平幅绢帛为材，是当时图绘的主要载体。

［33］同［28］，第 12 页。

［34］参见《马王堆汉墓帛书》（肆）中的《胎产书》和《养生方》，文物出版社 1985 年版。

［35］参见《史记·惠景间侯者年表》和《汉书·高惠高后文功臣表》。

［36］同［27］。

［37］参见傅举有《关于长沙马王堆三号汉墓的墓主问题》，《考古》1983 年第 2 期；傅举有《汉代列侯的家吏——兼谈马王堆三号墓墓主》，《文物》1999 年第 1 期；刘晓路《马王堆汉墓若干史实钩沉》，《中华文史论丛》第五十辑，上海古籍出版社 1992 年版；刘晓路《从马王堆 3 号墓出土地图看墓主

官职》，《文物》1994 年第 6 期。

[38] 金雀山考古发掘队《临沂 1997 年发现的四座西汉墓》，《文物》1998 年第 12 期。

[39] 临沂金雀山汉墓发掘组《山东临沂金雀山九号汉墓发掘简报》，《文物》1977 年第 11 期。

[40] 中国社会科学院考古研究所《新中国的考古发现和研究》第 419 页，文物出版社 1984 年版。

[41] 临沂市博物馆《山东临沂金雀山周氏墓群发掘简报》，《文物》1984 年第 11 期。

[42] 同 [38]。

[43] 金雀山考古队《临沂金雀山岗 1997 年发现的四座西汉墓》，《文物》1998 年第 12 期。

[44] 徐淑彬《略论金雀山西汉帛画的再认识》，《临沂日报》1998 年 7 月 26 日。

[45] 同 [38]。

[46] 中国社会科学院考古研究所编《新中国的考古发现和研究》第 416 页，文物出版社 1984 年版；文物编辑委员会编《文物考古工作十年》第 321 页，文物出版社 1991 年版。

[47] 党国栋《武威县磨嘴子古墓清理纪要》，《文物》1958 年第 11 期。

[48] 甘肃省博物馆、中国科学院考古研究所编《武威汉简》第 149 页，文物出版社 1964 年版。

[49] 同 [47]。

[50] 从以后出土的 22、23 号墓铭旌直称某某之柩，不仅可知此处所缺为柩，也可自证其即为汉之柩。甘肃省博物馆《甘肃武威磨嘴子汉墓发掘》，《考古》1960 年第 9 期。

[51] 《仪礼·士丧礼》。

[52] 甘肃省博物馆《甘肃武威磨嘴子汉墓发掘》，《考古》1960 年第 9 期。

[53] 同 [48]。

[54] 同 [48]。

[55] 同 [48]。

[56] 同 [48]。

[57] 安志敏《长沙新发现的西汉帛画试探》，《考古》1973 年第 1 期。

[58] 中国社会科学院考古研究所编《新中国的考古发现和研究》第 437～438 页，文物出版社 1984 年版。

[59] 广州市文物管理委员会、中国社会科学院考古研究所编《西汉南越王墓》，文物出版社 1991 年版。

[60] 同［59］。

[61] 刘晓路《帛画的流布、变异与消失》，《美术研究》1993 年第 1 期。

[62] 据悉 1993 年在吉林市帽儿山墓地西山墓区的 18 号墓中，也曾发现一幅帛画
残片，"出土时折叠着置于墓椁一角，展开后残长 42、高 36 厘米，上以墨
线描绘几组二方连续图案，图案由带箭头的十字形和如伸臂布指状的树木
（？）组成，间隙中有两道平行曲折的虚线通过，用笔朴拙，结构工整，线条
均匀，富有装饰性。据初步研究推测，整个图像或是示意引导灵魂归天的通
路，或系丧葬行列中的引幡"。帛画未见图片，其内容只能如上述描述理解，
难辨其魂幡性质，但从其出土位置看，显然与上述已出帛画的情况相同，故
研究者推测其为"引幡"还是有道理的。此墓地 1989 年至 1997 年发掘，时
代为西汉中晚期至南北朝，族属似为夫余。墓中出魂幡帛画，是其本身所有
的习俗，还是传自内地，有待进一步研究。但帛画在东北的出现，的确使帛
画的发现地大大地扩展了。参见《新中国考古五十年》第 115 页，文物出版
社 1999 年 9 月版。

[63] 从楚汉帛画墓等墓主尸体捆扎方式看，多有相近，马山 1 号墓与马王堆 1 号
墓墓者裹扎方法更如出一辙。而有关此类丧制，"三礼"是有详载的。有学
者曾就其"缀足"、"连绚"等问题展开讨论。参见孙华先《夔一足与一足巫
术》，《东南文化》1994 年第 4 期；宋兆麟《巫与民间信仰》第 180 页，中
国华侨出版公司 1990 年版。

[64] 郭德维《楚系墓葬研究》第 8～9 页。

[65] 刘晓路《中国帛画》第 39～40 页，中国书店 1994 年版。

[66] 曹国新《骆驼城西晋墓出土木版画和彩帛墓志》，《中国文物报》1998 年 11
月 18 日。

[67] 参见郑建芳《最早的墓志——战国刻铭墓砖》，《中国文物报》1994 年 6 月
19 日；李学勤《邹城张庄砖文》，《缀古集》，上海古籍出版社 1998 年版；
袁仲一《秦代陶文》；中国社会科学院考古研究所《新中国的考古发现和研
究》第 456～459 页，文物出版社 1984 年版。

[68] 李献奇、郭引强《洛阳新获墓志》第 195 页，文物出版社 1996 年版。

四　战国楚墓帛画

（一）楚帛画与楚文化

迄今为止，战国帛画共发现四幅，皆出自楚墓，而大部分汉代帛画也出自楚故地。这一现象虽不能说明帛画只产于楚地，但至少说明现存帛画与楚文化有着千丝万缕的联系。因此，要研究帛画就不能无视楚文化。

中国古代文化素以多元复合为特点，秦汉、唐宋、清代文化之盛即来自于这种文化上的"多元复合"。以中国历史上文化昌盛的汉代为例，就是以东周列国文化发展为基点的。考古发掘表明，正是广泛存在于北方的三晋、齐鲁、燕秦文化和南方的吴越、巴蜀、楚文化，共同构筑了中国历史上的"轴心时代"，推进着以华夏为主体的汉族文化的形成与发展，这其中北方的周秦和南方的楚占据最为重要的地位。如果说前者代表了古老的黄河文明，后者则是长江文明的表率，如此南北融合，才出现中国历史上第一次以汉族文化为主体的文化大一统。由于历史的原因，过去学术界大多重北轻南，但随着近几十年来考古事业的发展，逐渐揭开了南方古老文明的面纱，尤其是融合长江南北众多土著文化营养而形成的楚文化面貌的日渐清晰和丰富，使我们真正看到了它的辉煌，以及它对中国历史文化持久而深远的影响。

按照英国考古学家柴尔德的说法，考古学对一种文化的认定原则也即通常所说的"考古学文化，是以一群具有明确特征、经常地伴出的品型为标志的"文化[1]。以此为基础，中国先秦考古学上的楚文化，就是指由中国古代楚人在楚国境内创造的一种有自身特征的文化遗存[2]。作为周代一种地域性文化，楚文化始创于西周初年的江汉地区。随着楚国的发展、地域的扩张，春秋、战国时期，它蓬勃发展并于战国中期达到巅峰，且不断向长江中下游乃至五岭、东海推进，成为一统南方的大国文化[3]，覆盖面积达"方五千里"之广，甚至远播域外[4]。直到战国晚期，白起拔郢、顷襄王迁都于陈（今河南淮阳），楚文化的发展才随着楚国国势之江河日下而走向滞缓。约半个世纪后，楚为秦灭，但楚文化并没有随即消亡，而是继续延续直至汉武帝前期，经历了一个世纪有余的楚文化向汉文化的转化期。

至于楚文化的渊源，往往与楚民族起源问题结合讨论。早年多有楚族"东来说"，后又相继有"西来说"、"北来说"，故有在东夷、西戎或中原之地的考古学文化中为楚文化"访祖"的种种努力。与此同时，楚民族的"土著说"或"苗蛮说"也有倡导，如20世纪40年代就有学者主张楚与三苗同属南方的"苗蛮集团"[5]；俞伟超则进一步认为："楚人与三苗的先祖是同源的"[6]，并明确指出"楚文化的出现是长江流域几千年原始文化发展的一个结晶"[7]；丁永芳也撰文指出，中国上古民族的来源主要分炎黄两族，炎帝为南方民族，"为三苗祖"[8]。皆力图在鄂西的石家河文化、屈家岭文化乃至大溪文化中为楚文化"寻根"；张正明则结合古今中外历史中"民族起源之地与文化始兴之地不必相合"的范例[9]，根据有关楚的文献记载和考古资料，得出楚文化主源不在江汉之间而"应该到楚人的先民祝融部落集团那里去找"的结论[10]。而据考证，祝融八姓最初分布于中原，属于黄帝支族颛顼部落族属[11]，早在仰韶文化时期就居于黄河中下游地区的河南中部嵩山一带，创造出大河村类型文化，显现出颛顼部崇拜天体、关注天象、精通星历的特点。大约至龙山文化时期，祝融部落兴盛起来，创造了中原王湾、王油坊、后岗、下王岗等类型的龙山文化[12]。不过在部落集团间日益激烈的冲突中，为了求生存，祝融八姓也不得不先后依附东部高辛部落和后起的夏商王朝，成为夏商的方国。大体在殷商之时，祝融诸部分布于商朝南境，称荆[13]。后受殷人压迫，不断南迁[14]。大约在商周之际，主要是季连的芈姓后裔，迁至豫西南的丹水与淅水一带，以丹阳（今河南淅川）为中心[15]。酋长鬻熊，在商末政治风云中弃商投周，"子事文王"，为楚国建立奠定了基础。随后，楚再向南迁徙，居沮漳，启濮地，开拓"江上楚蛮之地"和"汉阳诸姬"，北上中原，国势渐壮[16]。楚原本为居于中原的华夏族的一支，与中原各氏族错落杂居。只是在蛮夷的"重围"之中和濮人、巴人、扬越人文化影响下，楚人创造的文化才开始有了某些自身特征的显露，并随着时代的发展而在文化上日益具有楚族个性。正是考虑到以上因素，张正明指出："楚文化的主源可推到祝融，楚文化的干流是华夏文化，楚文化的支流是蛮夷文化，三者交汇合流，就成为楚文化了"[17]。这种广义的楚文化的界定，对于我们总体把握楚文化的性质甚为重要。尽管春秋、战国时期楚人因"创造出一种不同于其它人们共同体的文化"，而被考古学视为一种独特的文化[18]，但楚文化的这种总体性质并没有根本改变。

从 1930 年代至今，楚文化考古工作大体经历了三个阶段。第一阶段是 1923 年至 1949 年。这一阶段楚文物出土地一个在安徽寿县，并以 1933 年至 1938 年间寿县朱家集李三孤堆战国晚期楚王墓的先后三次被盗掘、出土遗物近千件而轰动学界，使世人对楚的物质文化有了形象的了解。另一个在湖南长沙，出土大批楚汉漆木、铜等器物。第二阶段是 1949 年至 1970 年。此间楚文化进入科学考古发掘时期，由于考古发掘与历史研究的结合，此间发掘颇有计划性，如 50 年代先集中在长沙近郊，60 年代考古重心转向江陵郢都附近。据王世民统计，当时全国发掘的东周墓 70% 为楚墓，可见其数量之众。第三阶段为 1970 年至 1990 年[19]，考古收获主要表现在量的激增和湖北、豫南考古发掘质的突破上，如据郭德维统计，仅 1970 年到 1980 年的十年间，楚墓的发现量就由原占东周墓总数的 70% 上升到 80%，且高水平的楚文化遗存、墓葬屡有报道，如出土两千四百四十余件文物的江陵天星观 1 号楚墓，1978 年至 1981 年先后发掘的擂鼓墩 1、2 号墓，1978 年至 1980 年发掘的淅川下寺楚贵族墓地，1981 年发掘的淮阳平粮台战国晚期楚车马坑，1986 年发掘的潜江楚章华台遗址，1988 年发掘的寿县战国楚都城垣遗址等等，这一切共同推动了楚文化研究向纵深发展。经数十年积累，如今已经建立起了楚文化考古的类型学、年代学体系，并由此将楚文化引向除考古而外的历史、民族、语言、哲学、文学、科技史、艺术史等多项学科综合研究的道路。1995 年湖北教育出版社推出的《楚学文库》共十七部专著，便是楚文化综合研究的巨大成果，使人们对楚文化不再是"管中窥豹"，而是能获睹其历史文化的全貌。正如大多学者认识到的那样，楚人在受封之前未与中原各民族在语言、经济生活及文化心理素质上截然分开[20]，思维模式、行为方式与中原基本一致[21]。其政治制度、价值观念、科学技术等，也与北方民族渊源深远[22]。因而楚人有与华夏文化一样的语言、文字，尽管它们被称为"夏化的楚言和楚式的夏字"[23]，但与夏言、夏字无疑是一个体系。而语言文字作为人类的交际工具、思维工具和记录、传承文明的工具，是一个民族文化最重要的特征之一。楚人谙习中原典章，筑城同于周礼，最高阶层之礼制和丧制遵从周室，列鼎、棺椁及饰棺大多与周礼相侔[24]。又以桃弧、棘矢、苞茅"共御王事"。其他诸如衣冠服饰、婚嫁葬俗（如戈击方良、魂帛等），也与诸夏大同小异。至于楚的拜日、崇凤、尚龙、崇巫、尚钟等则与颛顼、祝融文化有着千丝万缕的联系[25]，也为华夏远古文化所共有。我们讲楚文化以华夏文化为主干，大体是以此为基础的。

　　然而，楚人主体民族虽为华夏后裔，但其文化的崛起却是在有异中土的蛮夷之乡。楚人通过变通时势、混同夷夏，创出了在考古学上足以区别于其他物质遗存、遗物的文化，所以从考古学意义讲，楚文化又是独具特色的，如楚地鸟虫书就是楚人将由殷人创制而由周人继承的华夏古文字移植楚地后，形成的一种字体修长、仰首伸足、笔画富于变化的文字。"南文尚华藻，字多秀丽，北方重事实，字多浑厚"的评论[26]，正道出了南北文字的迥异风格。再如尚钟，中原自殷商至周代，都将钟作为礼乐制度之重要组成部分之一，但楚或许上承颛顼"效八风之音"而铸钟之余绪，又结合南土盛产铜矿，以及自殷商以来就有的精湛的铙钟铸造传统，创"以钟为群乐之首"的礼乐文化[27]。又如崇巫，先秦时不只楚人，还有秦人、越人、宋人、陈人等[28]，但楚远续颛顼大巫、近有荆湖沅湘蛮夷原始之习，故信神鬼重淫祀之风尤烈[29]，且"有精湛的巫学"[30]。又如文学，因皆书楚语、作楚声、纪楚地、名楚物，故有"楚辞"之号[31]。正是基于这样的事实，有关学者尤重研究楚文化之个性与特征[32]。本书所论的楚汉帛画也是产生在这样的大背景之下，它既是华夏巫仪丧俗文化的产物，有"三礼"所记招魂、丧葬铭旌等制可资参引，又带有强烈的楚地色彩，尤其是某些表现内涵、绘画特征、色彩运用等，与楚地环境、民族民俗、绘画雕刻艺术等有密切的关系。明确这一点，我们便可摆正现存帛画在中国绘画史上的地位，即帛画是中国独立性绘画的早期形态，现存帛画是这一绘画的地方类型，但由于楚文化是当时最具活力的大国文化及其在南方文化中的表率地位，对汉文化有着深远的影响。换言之，是它"同北方文化融合，成为水平比它们更高、范围比它们更广的汉文化"[33]。从这一角度讲，楚帛画又可以说是开创了汉魏中国绘画的先河。

（二）楚帛画与古代数术

数术，又称术数，是中国历史上一种独特而重要的文化现象。就字面上讲，数代表气数，术意指方法。从古代典籍资料看，数术的发展源远流长，种类繁多。它既为古人观察天象、预测社会、人事等的气数（或称命运）提供具体而微的推测方法，又涵盖了古代一切关于自然规则的形而上的原理，从而也构成人类一切文化现象的基础。古代帛画中即有不少关于数术方面的内容，如战国《帛书十二月神图》、汉代《太一避兵图》、《天文气象杂占图》、《卦象图》及《禹藏图》、《九宫图》、《阴阳五行图》等帛书图，就分别以图像、图式或文字与图像结合等形式，记录与保存了当时不同种类的数术。而在上述众多数术类帛画中，学界讨论最持久、最深入的首推楚《帛书十二月神图》。一般认为，这件帛书画是迄今所知中国最古老的数术书，属于古代天文数术类。

1.《帛书十二月神图》画面结构与中国古代宇宙式图

在《帛书十二月神图》中，文字部分占有重要的分量，也是以往古文字学界最倾力的部分。由于其内容及字迹奇诡难懂，学界经数十年努力，始基本完整地恢复了其原来的面貌[34]。但从美术史角度观察，它可能更具绘画特征。文字不过是绘画的说明，因此，在这里我们着重就绘画结构和内涵对其进行分析与研究。

国内学界一般认为，楚帛书是现已发现最古老的数术书、月忌书。从它的结构分析看，应分作文字结构和图像结构两个方面。文字结构包括《帛书十二月神图》正中的甲篇、乙篇和周边的丙篇，为我们认识帛书性质、内容等提供了详尽的文字资料。加之楚简的不断发现[35]，更有利于认识它与十二月神像的结构关系。现将神图的文字内容简述如下：（1）甲篇即中间的长篇，重点讲顺令知岁的重要性，共分三章。第一章说月行固有度数。第二章讲岁有"德愿"。第三章强调以时奉享。（2）乙篇即中间的短篇，主要讲述"四时"产生的神话，也分三章。第一章讲伏羲和女娲及其四子即"四神"的初开宇宙和如何分辨"四时"。第二章讲日月产生和"四神"奠定"三天"、"四极"。第三章讲共工氏推步十日、四时，创建历法。（3）丙篇即四周边文，内容是讲一年十二月中各月的举事宜忌如正月燕来、不可以杀生等[36]。总之，帛书三篇分别讲述岁、时、月三个主题，其中甲篇重在告诫人们必须敬天顺时，乙篇着重追述四时、日月、四隅产生的历史，丙篇则以甲篇为理论依据，讲述种种月讳禁忌[37]。综合看来，全书应以月忌为主题。甲、乙两篇则为月忌所设之由，三篇合为一个整体。

上述帛书内容的明晰，对我们全面考察帛书的图式构成极为重要，因为帛书是按一定图式结构来抄写并与一定的图像相配合的。甲、乙两篇位于书之中心，但二者书写方向相反，读起来必须先从一个方向开始，然后再读另一篇。而丙篇更非前后通连的文字，而是分作十二章，分列帛书周边四个方向、十二神旁，文字不仅具有题铭性质，在抄写和读顺上也作左旋式。此外，在帛书四隅还绘有四木。这种文字与图像的结构布局和抄写形式究竟表达着怎样的观念、隐含着何种意义呢？蔡季襄经初步研究后指出，帛书结构当与四方、四时、四隅、十二神有关[38]。李学勤将帛书边文十二神与《尔雅·释天》中的十二月名联系起来，认为帛书结构似与天文星象和历法有关[39]。陈梦家亦明确指出：帛书"文字和图像都是整齐的，有意义的，按其方位配置的。它的上下左右应以三首神像为正南，则甲篇在右，文字顺行，自上而下，自东而西；乙篇在左，文字逆行，自下而上，自西而东；丙篇十二章次序及文字方向始于东北角青木之下，依钟表方向经朱木、黄木（笔者注：图中实为双线空勾的白木）、黑木而回到东北角，行款近于《考古图》的'遵磬'"[40]。他依据帛书结构及《淮南子·天文训》中的十二辰所居方位，绘制两图进行比较，将帛书结构与天文星象图和古代历法联系起来。1980年，李零提出帛书结构和考古出土的与天文历数之学有关的星图、占盘和日晷等实用物之间的关系，并指出它们皆来自天盖式的宇宙模式。

在进行帛书方向问题探讨的同时，帛书结构与天文图的关系研究也不断走向深入。通过对古代占时仪具的深入研究，明确了帛书结构形制是直接来源于式盘所代表的图式（简称式图）[41]。所谓式盘，就是上述的占盘，古称"式"（又写作栻），是古代日者占验时日吉凶、决定举事宜忌的工具。

结合文献和文物实例，式盘可以分作两大类，一类以九宫为特点，为四分、八分、加上中点合为九宫，标九神、十六神于各位，太乙、遁甲等式属焉。一类以四分、八分再十二分图式为主，标十二神于各位，六壬式属焉。现存古式中上述两类皆有，时代均早至西汉早期，但以六壬式为大宗，在全部八件古式中占七件之多。

从两类式盘的形制结构看，都由上下两盘构成，上盘高凸的圆球缺部分象征天，称天盘；下盘作方形，象征地，称地盘。天盘中间有穿孔，扣置于地盘中轴上即可旋转，可象征天常动而地恒静。整个式盘仿佛一个小小的宇宙模型，其空间、时间结构和配数、配物原理，皆带有模拟宇宙的特点[42]，只是由于式的体系不同而存在区别。

楚帛书之类同式图并非偶然，在古代数术类中，大凡属时日选择或历忌、月令性质的书都与式法有密切关系，如马王堆帛书中的《阴阳五行》、《刑德》等，都附有相关的式类图式，《胎产书》和《杂疗方》中讲到有关择日、择月、择方位的内容时，也或附同于式图的《禹藏图》，或以文字形式叙及《禹藏埋胞法》。

总之，帛书从中心内容到整体结构与周边布列，皆力求与天象上的空间划分和时间划分保持形式上的一致。事实上，它就形同一张微型的宇宙图。与之同时代或稍后的博局、式盘、四神十二时镜等等无不如此。不过，楚帛书于每月之下书写宜忌，应属历忌之书。由于文字直接书写在宇宙图式之上，图文并茂，更能强调顺天应时、遵从宜忌规定的重要性。正如江晓原所指出的：“在古代中国人宇宙图像中，时间与空间密切联系在一起，人生天地之间凡百行事，都必须选择在合适的时空点中进行，方能吉利有福，反之则有祸而凶。”[43]楚人将宇宙图式与月忌文字合一，大体正是以此为要旨的。

2.《帛书十二月神图》图像考释

研究三代青铜器，每每会注意到《左传》宣公三年的一段记载。这一年楚庄王率领他的锐利之师，借伐陆浑之戎，观兵周郊，问鼎周室，周使王孙满借此发表了为政“在德不在鼎”的一通宏论。其中论及铸鼎之缘起与作用的一段称：“昔夏之方有德也，远方图物，贡金九牧，铸鼎象物，百物而为之备，使民知神奸，故民入川泽山林，不逢不若，螭魅魍魉，莫能逢之。用能协于上下，以承天休”。这段文字包括很多信息，其中明确者至少有以下两点：第一，夏代就有了铸鼎，而且铸鼎之金（铜）来自九牧，鼎之纹饰或造型也为远方百“物”；第二，铸鼎象物之目的，一是可使民知神奸，二是能协于上下。张光直将“物”解释为“助巫觋通天地之动物”，将神奸分别解释为“助人的神”和“害人的神”[44]。由此，整段话的意思应为夏人铸鼎象物，使人知道哪些动物是可以助人通天地的神，哪些动物是不能助人通天地的。这样的解释应该说大体不错，也是张氏“铜器动物纹样为巫觋通天地工作上的助理动物的形象”的说法可引以为据的主要文献资料之一。

不过，我们在这里讨论的重点不在百物，即方国之物[45]，而在四方之物神。上述百物实为原始时代众部落的图腾之物或即物神之统称，随着部族向方国的发展，也可以是超氏族的方国物神即方神。夏禹之时，执玉帛者"万国"，卜辞中的方国粗略统计也在一百四十以上，称方物为百物毫不夸张。夏、商、周作为诸方之共主，自然要铸出方国物神，以便通过图绘、铸造诸方物，实现对诸方的统领[46]。青铜器上诸般狰狞怪异的动物形象或即这些方国神物。此外，卜辞还每每提到四方之神，它与上述的方国之神不同，是居住于四方位之上的神灵四风。在甲骨文中四方与四风都有专名：东方曰析，风曰劦；南方曰因，风曰屶；西方曰夷，风曰彝；北方曰勹，风曰殴（《甲骨文合集》14294）。其中四方之名即代表东、南、西、北四个不同的方位，四方风则是主司四季变化的神[47]。先秦也有四帝，且以之配四色四方，但楚帛书十二月神分置四方，排列有度，第一次展示了四方十二神形象。十二月神以帛书左下为起始并依次左旋布列，每一神旁伴有包括月名、职司在内的三字行题记和当月宜忌文字若干，句末皆有长方形符号以示终结。行款较为整齐，图文相配也巧具心思，显示出其设计的周密性。全部神像悉用细笔勾勒，填以红、棕、青三色。造型多取自动物和人，但经夸张变形，奇诡神秘，难以名状。现仅就其造型进行客观描述[48]，叙述依帛书上南下北的放置方向为正，将左下与《尔雅》正月名相同的"取"神定为正月神，以下依次顺延（图七）。

正月神（名"取"）：整体造型当为鸟蛇合体，首尾作细长屈曲的蛇形，口吐歧舌。鸟身形同人体的心脏，足亦为鸟足，首足赤色，身尾青色。

二月神（名"女"）：整体作人首鸟体形。上部为四人首，

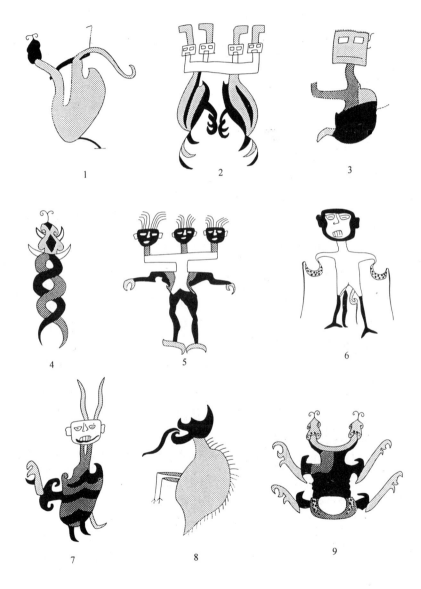

1　　　　　2　　　　　3

4　　　　　5　　　　　6

7　　　　　8　　　　　9

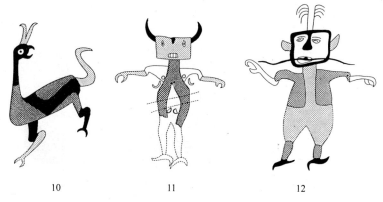

10 11 12

图七 《帛书十二月神》图中的月神

1.正月神"取" 2.二月神"女" 3.三月神"秉" 4.四月神"余" 5.
五月神"欱" 6.六月神"虘" 7.七月神"仓" 8.八月神"臧" 9.九
月神"玄" 10.十月神"昜" 11.十一月神"姑" 12.十二月神"荃"

皆方头、方目、方口，无眸、无耳，顶有两两相对的倒L形
头饰。四首以一曲尺形连接一体，其下是造型对称的双鸟身。
其胸腹部各有一内向的三爪形足，尾如雄鸡。面作白色，顶饰
青色，体则青赤相参，艳如雉鸟。

三月神（名"秉"）：似为人形怪神。方首、方目，无眸、
无耳，顶有齐短发饰，口处画一长横线代之。细颈，身体部分
可辨出的有一臂一腿。色彩为青首白目，身躯作青、赤、棕诸
色相间。

四月神（名"余"）：总体作单首双体交缠状蛇形。头作正
视状，前有歧舌吐出。两侧伸出大小共四角，正中有菱状凸
饰。身躯呈螺旋状交缠。头青，体躯一红一棕。

五月神（名"欱"）：整体作三首人形。人首作上方下圆
形，有类于人的鼻、目、口、耳，顶部各画出垂直而末端向外

曲折的线条作为发饰，三首以颈下一曲尺状物连为一体。两肩广平，双臂平展，末端作月牙状人手（或称动物爪）；双腿类人形结构，下为叶形足。红面、黑发，五官白色，颈胸棕色，四肢赤红，手足为青。

六月神（名"虖"）：为人形或猪形怪神。方圆头，有拟人的五官，露齿，面部周缘施以赤色粗线，似表现猿猴类面部须发。两臂平伸，肘部以下作反转式花色月牙状。末端悬出两长线，可能为两蛇。两足似爪，两腿间另有两附加物。面、躯呈白色，面缘和腿足呈赤色。

七月神（名"仓"）：总体作人面鸟身造型。方头，五官类人，顶有长角竖立（或视为鸟冠饰），颚下有柳条形短胡须（或为垂舌）。身体作心形，下有三尾羽，左侧伸出一爪。全身为赤、棕相间彩绘，顶饰、爪、尾为青色，面白。

八月神（名"臧"）：造型为兽首鸟躯（或称龙首鸟身）。头部像龙，张口而吐舌。颈下为椭圆之躯，下部锥状似尾。右侧弧状脊部饰短毛，左侧有并列的细长肢爪。赤首青体。

九月神（名"玄"）：整体作双蛇首鸟身或蛇身。全图为正视图，两蛇首皆口吐歧舌，双首以一弓形颈相连，下连身躯。以巴纳的复原，其体为伏羲形，林巳奈夫则认为是蛇躯，但无论如何，其四足呈明显的鸟足状（也可称龙蛇足，因为许多龙蛇也作此式足）。身躯为赤、棕二色，头颈和四肢为青色。

十月神（名"易"）：造型作鸟首兽体。歧冠，鹦鹉喙，体躯似鹿，但有粗而长的尾。腿作动物形，足似月牙。整体色彩为冠、尾和一腿色青，头、颈色赤，躯体棕色，有赤色条纹。

十一月神（名"羍"）：整体造型拟人（或称牛首人躯）。方首、竖目、口露齿，额中有 V 形饰。方头上竖对称二角，似牛。躯短，两臂向外平伸，手作月牙状，弓形腿，足为叶形。两腋和腿后画倒钩状物，推测可能为动物凸刺。色彩为青首、青爪，棕色身躯，两臂白色，双角和V形饰为赤色。

十二月神（名"荼"）：造型作人形正立，方首，面部有一赤色窄缘，有眉、目、眸，口吐长长歧舌，若口衔蛇，两耳似为兽耳（或可称兽角、牛角），外形不对称，顶上竖起两羽饰。身躯较短，两臂平伸，肘下作鸟爪（或称月牙手形），足亦为叶形。面部、两肘腕为白色，鼻、脸、足呈红色，耳为青色。身躯为青、棕二色，颇似周身着长背带裤，另披棕色短袖衫。

对于这样一群超自然神灵的造型应作何种解释，其来源、寓意又如何，学界曾进行了长期的探求。

蔡季襄在《晚周缯书考证》"缯书图说"中，首先论述了先秦两汉"鬼神之图画，极为风尚"的背景，继而就若干帛书图像构成与特点进行分析。由于诸像旁名称当时多漫漶不清，无法辨认，蔡氏便以这些图像为据，参考《山海经》、《淮南子》、《国语》、《东京赋》等典籍中对若干神像的文字描绘，认为帛书若干图像如三首人、单臂三目人等，与文献"极相符合"，应为"当时山川五帝人鬼物魅之神"。只是蔡氏研究十二图像和《山海经》等书中所述神怪时，都忽略了它们的方位问题和天文星历意义[49]。

自蔡氏以后，陈槃、安志敏、陈公柔、饶宗颐等也曾力图从古籍中探求帛书图像的解释，相继考证出"取"月神为委蛇，"仓"（相）月神为长角之兽，"余"月神为肥遗，"献"（皋）月神为三首神祝融，"易"（阳）月神为两足两角牛，"荼"（荼）月神为一臂神吴回，"臧"（壮）月神为口内衔蛇一足夔或口内衔蛇之神。但帛书十二神既然是以一个整体系列出现的，援之以不同来源的神话进行逐一论证，便无法显示十二神作为一个体系的整体性，故而陈槃不得不承认，各图彼此间关系仍"若即若离"。

李学勤考订帛书十二章章题首字即《尔雅·释天》十二月名，始明确四周十二神像乃象征十二个月，系依斗柄方位排列。然而，这还仅仅是解决问题的开始，十二月名所本为何，十二月名是否即十二神名，十二神形象来源等，也都是需要解决的问题。

日本著名学者林巳奈夫在其《长沙出土战国帛书十二神考》一文中有专门论述[50]。他指出，在帛书正文中不用此类月名。这只能说明《尔雅》月名在楚帛书书绘时代尚未冠于年之诸月上，否则我们便无法解释为何帛书乙篇不用边文之"月"名，而用一、二、三等称月。在林氏看来，以往学者所称的帛书十二月名，实际上应即为十二神名，神侧三字短题下的两字即为该神当月的职司简题。至于十二神与"月"的关系，他认为作为时间单位的一"月"之吉凶预卜起源甚古，在商代往往是以几天或十天为一个占卜时间周的，偶尔也有以"月"作为占卜时间单位的[51]，可见支配一月命运权利的月神概念早在商代就已经出现了。既然有占卜以"月"存在，负责"月"卜的巫觋也就成为该月之"神"，因为该月之吉凶实际上是通过巫人的占卜获知的，巫人就是神的代表与化身。为此，林氏以《山海经》为蓝本[52]，详尽考察了作为一个系统的十二神起源及其与神巫的关系。他列举了《山海经》中与帛书十二神名有对等关系的两组神巫，一为六巫组，见于《山海经·海外西经》；一为十巫组，见于《大荒西经》。两组神巫虽居处不同，但却有许多共同之处。其皆居于荒远的西方、掌长生不死之药。六巫组与十巫组间有半数以上同名，很显然其传说源出于一，而且，其中还有五名与楚帛书神名很相近或完全相符，这表明楚帛书诸神是由上述同源传说分化发展而来，即它们是选自与《山海经》六巫、十巫集团同源及其他相关资料中的众神。十二月神作为每月人们行为吉凶的仲裁者，彼此间的主要作用是不相同的，这一点也是神巫最重要的特点。楚帛书职司每年十二月的十二神与《山海经》巫师集团一样，也是从各地众多神巫中选出的，只是其以五行理论中每月对人类行为规范的规定为原则，挑选那些职司、形象特征大体与上述原则符合的神巫，并使之与相应的月结合成一体。此外，林巳奈夫还从绘画角度讨论了帛书十二神像的起源问题。由于此前学者基本未就帛书十二神像的图像问题进行过系统全面的考察，故林氏此文对于帛书神像的考证和理解具有启发意义。

现依据各家考证研究，再结合文献和考古图像资料，对十二月神中的图像造型阐述如下：

第一，有关二月神的四方首、双鸟身造型。方首造型广见于二、三、十一月神像中，六和十二月神首也略作方形。在图像构成上，前两神为方首鸟躯，后三神为方首人身。考察先秦文献，《墨子·明鬼》中曾记有"面状正方"之神，《山海经·中山经》则有"又东百五十里曰岐山……神涉鼍处之，其状人身而方面三足"。可见在那个时代，神人、神怪常以方首或长方形首的形象出现。至于美术实物中的方首神像至少可上溯到距今约五千年的新石器时代晚期，如凌家滩玉人等即为方脸、长耳、阔口，双臂上屈伸掌。商周时代的玉人更不乏方首者，如在美国福格、弗利尔等美术馆，史密森学会等玉器藏品中都有此类玉神人[53]，三星堆铜面具中也多有方首、方面形象。时代略早于帛书的信阳长台关 1 号楚墓出土之瑟首，亦彩绘有被视为巫师的方首鸟躯神怪[54]。除方首外，四方首顶部高耸的冠饰也很醒目，它与其他形状的头饰一样，应具有庄严神圣的意义。至于四首之多，在《十二月神图》诸神中首屈一指。从《山海经·北山经》"芘湖之水，其中多儵鱼，其状如鸡而赤毛，三尾、六足、四首"的记载看，四首神的传说在先秦时即已存在。方首及其顶端装饰形象的创作应该来源于生活，在巫教盛行时代，很可能是当时巫觋头饰形象表现之一种。在世界各国古老民族中，头饰常常是神职乃至显贵人物最鲜明的身份等级标志之一[55]。在中美洲奥尔梅克文化中发现的巨头像，其头部即雕刻着看似布质的"头盔"，还有许多人物雕像头上装饰着长长的、闪着绿光的中美洲奎札尔（quetzal）鸟羽，或头插哈皮鹰羽毛（即中南美产的 harpy 鹰)[56]。因为在他们看来，"健飞的鸟能看见一切，它们拥有神秘的力量，这力量固着在它们的翅和尾的羽毛上"。巫师戴上羽毛，遂能看到和听到地上地下发生的一切[57]。在中国新石器时代晚期良渚玉琮四方角处的雕刻形象，似为方首的神人、神兽，玉器神徽上的神人头形略作倒梯形，上戴的羽形冠也似方形，三代玉人头上也明显有条形绷带饰物，这些都可被描绘为"方首"。在奥尔梅克文化中，人物头顶正中的 V 形缺口往往是其神性的标示[58]，在我国似乎是恰恰相反，以头戴倒梯形、倒 V 形或称楔形的冠饰显示其神性，如良渚玉器中的冠形器和神徽中神人所戴之羽冠皆为正中上凸的形式，长台关瑟首巫师头顶端三角状凸饰与楔形高冠，1960 年荆门章河东桥战国楚墓出土的《太岁阙兵铜戚》神人的倒三角顶饰及两端对称外卷的头饰和曾侯乙墓所出彩绘鸳鸯壶中击鼓神人的同形顶饰都表明，至少是在楚地

图八　一首双身龙蛇图例

1~4.二里头部分龙纹陶片　5~6.商周青铜器上常见的双身龙纹　7.西周晚期双身龙纹壶

及楚文化区，倒三角形或称楔形的头饰为这里神像的造型特点之一。至于多头，中外神话皆不乏其例。

第二，有关四月神的单首、双身蛇造型。这类图像在商周青铜器上是较为多见的，尽管在具体造型上各有不同，但总体皆作一头双身，在夏代陶片上就出现了以一首为中心、向两侧平行外展的双身蛇（或称龙）像[59]，且一直沿至商周及春秋、战国时期（图八）。关于一首双身蛇，《山海经·北山经》、《管子·水地》皆有载[60]。

　　第三，有关三首人神像。早在蔡季襄初睹《帛书十二月神图》时，便将之与《山海经·海外南经》"三首国在其东，其为人一身三首"的记载联系起来[61]。林巳奈夫又依据三首人形甲骨刻符，认为其即应为三首人的代表，且人首还为三扁平头形，由此更加注重三首人之扁平头部造型的意义。因为《山海经·海内经》在讲到祝融世系时，曾云：祝融之后，"术器首方颠"。郭注："头顶平也。"显然平顶乃人中奇异之相。三首之顶发参差不整，也被林氏视为商周以来鬼灵神物的特征之一。至于三首神人手臂末端，林氏认为应是作月牙形的人手，结合对十一、十二神像肘手部也皆作较两臂低平之式及另敷色彩的情况看，这一部分似应作鸟爪或兽趾，所谓半月形手正是鸟爪的简率表现。像这样的人"手"，在信阳长台关1号楚墓漆瑟彩绘首尾射猎图中，皆系"巫师"之手，且其月牙形一端粗大，一端细小状，更似飞禽类利爪。概括说，此类手形可以统称为龙凤爪，也可视为图像神性的标志（图九）。至于三首神的身份，有学者据金文中被释作颛顼帝的三首形符号（图一〇）与五月神的三首相似，特释其为颛顼帝。而五月为"皋"，陈梦家注为"高"，又恰与颛顼高阳之号相合，故五月神也被视为颛顼像[62]。彭浩另外提出三首神既然是五月之神，而史书素有鹖或鹰为五月的一种重要物候的记载，推测该神可能即为鹖或鹰的形象，并援马山1号楚墓绣品纹样三首鹖鸟的绘制

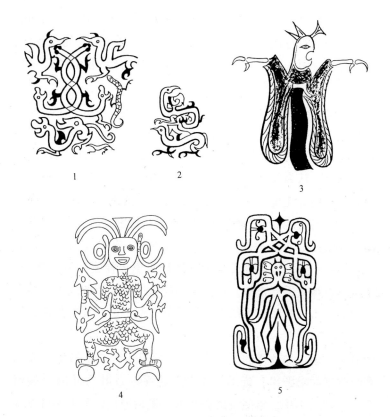

图九　月形龙凤爪与叶形足图例

1、2.曾侯乙墓漆棺上所绘的龙凤图　3.信阳长台关漆瑟瑟首巫师像　4.
《太岁阙兵铜戚》上的"太一"神　5.曾侯乙墓漆棺上所绘的神人

为例（图一一）[63]。以上直接将十二月神造型来源与代表物候
的形象相联系的论说，对相关研究颇有启发。

　　第四，关于六月神的双手操蛇。在蔡修涣原色摹本中，这
个神像除有完整的头部外，身体四肢皆为零散的局部，并未连

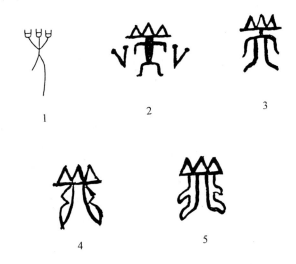

图一〇 甲骨文、金文中的三首人形象

1.甲骨文中的三首人符号 2.金文中的三首人形象 3.金文中的三首"穷奇" 4.金文中的三首"驩兜"

成一体，红外线照片才揭露出其面貌，学界一般认为此神大形为猿猴，但总体实是拟人的，唯四肢怪异，较为突出的是两肘作反转式月牙状，饰花斑纹，末端细而长垂，林巳奈夫认为前者当与《山海经》所讲前臂翻转人有关，后者当表示神人双手操蛇。有关神人珥蛇、践蛇、操蛇、唆蛇的记载，在《山海经》中比比皆是，青铜器、玉器、漆器上的操蛇神像也为数不少。

至于神人何以要操蛇、御蛇甚至吞蛇（如马王堆1号墓漆棺画中的噬蛇神人等），学者们看法颇多。苏健认为，春秋、战国及两汉时期，后土一直是人们崇祭的神灵之一。其在天为黄帝辅佐，在地为"幽都"主神，形象总与操蛇、御蛇相连，

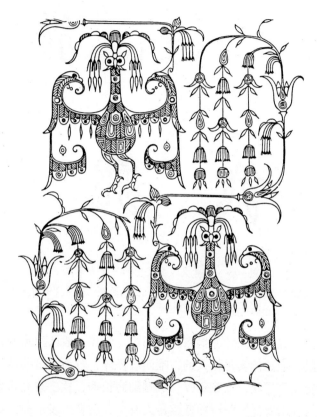

图——　马山1号墓丝绣纹样中的三首鸟形象

故美术作品中的此类形象应为"土伯御蛇或后土制四方图"[64]。吴荣曾指出，操蛇神怪为战国至汉代多见的题材之一，并认为践蛇神怪之原始形态"即先有神化的鸟践蛇或衔蛇的神话迷信，以后随着鸟的人形化，产生了人形神怪，践蛇、操蛇的这类图像"[65]。张正明认为操蛇、践蛇图像意在"神性的显示"[66]。

第五，有关七月神的人面、鸟身、一足造型。在《山海经》、《墨子》、《吕氏春秋》等书中，人面鸟身、单足神就屡见记载，其名称则颇异，如《山海经》称其为橐䊥、毕方鸟。帛书则称之为"仓"。在考古实物中，人面鸟身形象也较多，且其渊源至少可上溯至商代。殷祖王亥就曾被商人雕刻成人面鸟，三星堆铜果树枝头上也有人面鸟形象，天马曲村的西周晋侯墓中出土有鸟冠人面羽身玉饰，在赛克勒藏品中则有下为鸟身、上为人首、顶有凸饰的玉饰。足见这一题材在三代、先秦时期是不足为奇的。

第六，有关八月神之龙鸟合体造型。此神最初多认为是兽首鸟身。林巳奈夫推测可能为龙首鸟身。龙首无目，角高翘，颚前凸，细舌长伸。体肥硕，爪及羽发细小，脊背参差繁密。《山海经·中山经》及《南山经》中，均记有此类形象。龙凤合体形象早在新石器时代中后期便已出现，如凌家滩遗址中出有龙凤合体的玉璜，而商代则见有龙凤合体式玉雕多件。至春秋、战国时期，龙凤合体式玉件更是广泛出现。由于此时凤鸟渐具龙体的造型[67]，故此类龙凤合体式形象便多为两端式，即龙体之一端为龙首，另一端为凤首。楚国漆绘和丝织品中的大量龙凤形合体装饰图案也多如此。

第七，有关九月的双首四足蛇神像。此神的蛇首、歧舌是无可争议的。根据巴纳、林巳奈夫等据红外线照片的临写，双蛇首造型完全等同于正月和四月神者，但身躯的复原巴纳作伏罴形，林氏指出应作蛇形，认为这样才恰与《山海经》所记之双蛇首及四足相应。有关双首蛇，实有两型，一为长躯、一端有左右二首，《尔雅》称之为枳首蛇、歧首蛇，帛书九月神当属此类；二为一躯、两端各有一蛇首，甲骨文中有这种双首戴角形字，于省吾释为虹[68]，或习称的璜龙，早在新石器时代的红山文化中就出有此类玉璜，直至东周持续不断。两种蛇龙相较，璜龙较普遍，歧首龙较少。

第八，有关十一月神的牛角、竖目、弓腿造型。此神多数学者认为是牛首人身神，而此类"其状如牛"的神怪在《山海经》中是不胜枚举的，但林氏不以为然。他指出，尽管商代甲骨卜辞中有人形牛首符号，但由于它总是固定不变地用作地名，故与帛书十一月神图不可能有任何直接联系。实际上，此神大体作人形，但又综合十二月神造型的多种特征，如方首、短躯、正立、两臂向两侧平展，与五月、十二月神相类，牛角形饰与七月神顶端公羊式的角饰略可比较，竖目与《山海经·大荒北经》中"直目正乘"的烛龙相类，更有四川广汉三星堆所出商周青铜面具中的"纵目"为援。弓腿则与五月、十二月神略同，也形同《海内经》所记黄帝之孙韩流的"渠股"。额际三角形斑饰则可能为其神性的标志之一。

第九，有关十二月神羽饰、角饰和口吐长舌造型问题。此神顶端两片纤细对称的蒲苇叶饰很是醒目，如果说五月神顶饰还颇有蓬发之示意，这里的顶饰则更像羽冠饰。早在商代就有这类苇状顶饰，但更多的是向头两侧平展的装饰，从其形状看可能更像角饰。许多古老的民族都曾有对"角"的崇拜。英国人类学家及埃及学家玛格丽特·穆礼《女巫与巫术》一书首章即为"角神"崇拜[69]，论述其远自旧石器时代的古老渊源。在属于欧洲旧石器时代的莱斯·特洛亚·费莱尔（Les tras Ereres）洞穴中的牛首巫师、鹿角巫师都有醒目的"角饰"；在塔加洞穴发现的"羚羊人"更是有着羚羊的头与尖利的"角"[70]。在埃及前王朝时期的一件陶调色板上有硕大牛首、牛角装饰，法老时代的伊西斯（Isis）女神也有醒目的牛角冠饰[71]。在中国，至少商代，角饰就广泛见于各种装饰纹样之中。商代晚期，兽面纹中的角形更为发达，出现了环柱角形、牛角形、外卷角形、内卷角形、羊角形、曲折角形、双龙角形、长颈鹿角形、虎头角形、熊头形、龙蛇集群形等多种角形[72]。西周昭穆时期素称青铜纹饰上的"凤鸟时代"，其凤鸟羽冠也异常丰富，有所谓长冠、花冠、多齿冠等，多为超自然羽冠，仍可谓角饰的传统。至于先秦以降众神人异怪以角为饰的现象亦很多见，且更为华丽繁缛、醒目突出。曾侯乙墓漆棺上令人眼花缭乱的人形角饰神物就是最典型的代表。楚墓中的木雕"镇墓兽"，兽顶径直插以"飞扬"的鹿角，更是以三维形式极力张扬着"角"的神力。

十二月神还以怪异的口吐长舌为突出特征，这种长舌乍看似口衔长蛇，但细审始知是由口中舌处向两侧分成线形，故为歧舌，也可视为特殊的口吐长舌之象。口吐长舌是我国古代常见的艺术符号之一，如1991年在距今7400年左右的湖南黔阳高庙遗址、距今7100年前后的长沙南托遗址中，就出土了三件刻划着"獠牙兽面"的陶器，纹饰口中吐出歧舌或尖舌。1981年在湖北钟祥六合遗址，也发现了一件玉人雕像，作吐舌状[73]。陕西沣西客省庄西周墓、宝鸡竹园沟西周墓和甘肃灵台白草坡西周墓等地所出铜戈上也有口吐长舌的虎纹[74]。春秋、战国时期巴蜀文化的戈兵或剑器上也多见铸刻虎吐舌符号，如四川新都三合场、成都南郊、郫县所出蜀戈，中脊皆作猛虎张口伸舌状，显现出与商周同类纹饰的联系[75]。当然，春秋、战国时期最突出的口吐长舌形象还是楚地的镇墓兽。据不完全统计，楚地出土的这类镇墓兽已有二百余件。

通过以上对十二月神图像自身和中国早期神怪形象对比研究，可以看出，十二月神像并非是纯然人形的十二巫师像，而是采用原始魇制巫术中众多的"假约式象征符号"创作的怪诞神像，其主要构成元素包括角、爪、牙、眼、舌、尾等，皆在魇制巫术中带有强烈攻击镇压色彩。"它们出现在汉以前各种文物图像、造型与神话传说中，表现的已经不是各种神兽精怪的外观神态，而是暗喻着巫术性质的威逼、吞食、角触、抓擒、啮咬与鞭抽，它们的实质是代表巫人御用神兽或御用精怪及其战斗锋芒与制胜魔力。"[76]按照十二月神来源于巫的说法，这些怪诞的月神像可能正是巫人与其御用神兽的结合体。

李零则从中国古代演禽体系探寻帛书十二神渊源[77]。中国古代的演禽和西方的占星术很相似，往往星象与动物或人物相配。在中国家喻户晓的莫过于十二生肖或称十二属相，即以子、丑、寅、卯、辰、巳、午、未、申、酉、戌、亥十二支位配鼠、牛、虎、兔、龙、蛇、马、羊、猴、鸡、狗、猪十二种动物[78]。十二生肖演禽体系起源过去追溯至汉代的若干文献记载，但随着天水放马滩和云梦睡虎地秦简《日书》的出土，十二生肖缘起至少已可追溯至战国末年[79]，甚至还有许多十二生肖以外的动物[80]。帛书十二神即可能是十二生肖的早期体系之一，而十二生肖禽兽形象又皆与天象相关，即由斗星散出而成[81]。我们认为这种分析与帛书图像还是有相当的出入。事实上，帛书神像中不少是无法纳入我们常说的十二生肖禽兽体系的，甚至说许多都是人兽不类的怪物。

以上介绍了学界从巫觋集团和演禽系统两个方面对十二月神来源、体系问题的探讨。巫觋是中国古代文化最早的精英人物，他们掌握着沟通天人的大权。除先民想像出的天"神"之外，当然也包括自然的"天"。因此，巫觋也是自然天象星历知识最早的拥有者。林巳奈夫认为十二月神为由商代巫觋集团演变而来，而知天授时又是远古巫觋的主要司职之一，二者是二而一的关系。换言之，十二月神是由知天象之巫觋集团演变而来。巫觋无论装扮的如何半人半神，其主体形象都是人，天象星宿则是自然现象。但依古人四时、四陆、四象的思路，由北斗随月移转而变幻出的星象也可与地上的若干动物产生联系，十二演禽遂而出现。当然十二演禽体系的形成也非一日。根据《帛书十二月神图》造型特征，此时可能正处于人禽杂糅时期，即有些月神还具有更多司天象之巫的特点，形象上更接近人，有些则已由禽兽代之，而后才出现完整的十二禽代十二月或十二辰。正如四象先以青龙、白虎代表东西两方，后来才有朱雀、玄武以代南方、北方一样。如此，不仅巫觋集团和演禽体系二说可以有机结合起来，而且也有益于理解为何有些月神类人，而有些月神类禽。在目前没有更新资料的情况下，将十二月神图像一视为十二巫或十二禽都只能是一种说法，并非定论。

（三）楚帛画与原始巫术

巫文化是中国传统文化的重要组成部分之一。就巫而言，它是在原始先民自然崇拜观念下应运而生，被认为是具有特殊的沟通天地、自然、鬼神能力的人。早在史前中国就有了巫，并渐次在神事活动中形成巫师集团，成为人天沟通的主宰。三代、秦汉时期，巫在上至宫廷、下至民间的生活中往往占有举足轻重的地位。后来，由于佛道的兴起，巫风开始受到王室制约，但在民间却仍沿袭不衰，从而成为中国本土源远流长的古文化现象之一。巫文化包含着各种复杂的观念和繁缛仪式与实用技艺（即巫术），其中鬼神崇拜、生殖崇拜、土地崇拜、阴阳五行观念等等，都集中体现了人的生命意识，尤其是鬼神魂魄信仰，更是直接表现出人类对生、死世界的独特理解。楚汉帛画，特别是覆棺帛画，就是这类巫意识及巫术行为的典型体现。

迄今我国共发现四幅楚帛画，按照本书对帛画的分类，上述《帛书十二月神图》可列为帛书画类，其余则均为帛画，且皆上有横竿，并平覆于棺盖之上，故应为覆棺类帛画。在当时丧仪中先张举再覆棺，使用特点和形制功用与后世铭旌相同，故学界多认为它们应具铭旌性质。但若从总体上考察丧葬用帛画的历史，将战国楚地帛画称为魂幡似更为妥当。它既能避免与铭旌必有铭题的传统认识相抵牾，也更能窥见铭旌发展的轨迹，展现铭旌发展各阶段的特征。当然，魂幡之称是以学界将帛画普遍视其为灵魂之幡为基础的。应该说明的是，在三幅帛画中，唯江陵马山 1 号墓帛画至今内容难辨。此画以白绢为地，发现时位于棺盖中部。因绢质极细，已蚀化殆尽，仅见稀疏的似干糨糊状的白绢残痕，所幸帛画图像因渗印到其下部深棕色绢质荒帷上而得以保存下来。可能因帛画当初放置时有折叠，故现在所见图像有上下层重叠现象，辨识困难。大体说来，应该是以人物为主体的，加之此帛画上的横竿可能悬挂的形式及覆于棺上的特点，确定它与长沙所出两帛画应为同一性质。此外，帛画上覆压的一根竹竿，为一根整竹的上段，枝叶披纷。它何故压于棺盖帛画之上，素无人论及。《隋书·地理志》"荆州"条记述当地出丧之俗时称："各执竹竿，长一丈许，上三四尺许尤带枝叶。其行伍前却，皆有节奏，歌吟叫呼，亦有章曲。传云盘瓠初死，置之于树，乃以竹木刺而下之，故相承至今，以为风俗。"[82]如此，则这里棺上覆压竹枝的做法当是有渊源的。当然，就江陵马山1号墓帛画而论，还有许多未解之谜，我们期待将来的高新技术能为全面理解战国楚地帛画提供新的实证。

《人物龙凤图》和《人物御龙图》皆为小型长方形画幅，画面共同之处是都有人物、龙等。学界向来认为其内涵涉及当时人们的魂魄信仰和死者灵魂的去向，认为它们应是当时招魂巫术中的魂幡。但对其功用则存在着两种截然相反的观点，一种强调它们是导引亡灵升天的引魂幡，一种认为它们是招引亡魂复魄的招魂幡。二说长期以来争议未决。

1. 引魂升天

人类的魂魄观起于何时，无文献可考[83]。人死而为鬼神，且魂魄分别上天入地，使得生者必须同时注重鬼和神。尽管包括楚人在内的先秦人认为，在天庭、冥府和遥山远水之间，有一些怪模怪样的神祇是与人异形、异性的。但民间宗教认为，更多的鬼神是与人同形、同性，且多是美男、美女。它们不仅在形象上接近人（而非后世青面獠牙、狰狞可怖的丑陋面目），具有人的主要特征和属性，而且在行为上也与人相同，与人一样具有多方面的需求，如穿衣、饮食、居住、游玩、交友、爱情、婚姻等[84]，像江陵天星观楚墓、望山楚墓、荆门包山楚墓及随县曾侯乙墓、云梦睡虎地秦墓等发现的祷告鬼神的简文，以及诸侯各国举行盛大祭祀活动和巫觋的各种通鬼神法术仪式等，都是人们敬鬼娱神的表现形式。具体到个体死者魂魄的安抚，主要表现为埋葬制度中"双重的目的与性格，即一方面要帮助气顺利地升入冥界，一方面要好好伺候形魄在地下宫室里继续维持人间生活"[85]。先秦以降，日益复杂完备的丧礼、规模日渐庞大的陵墓营造和大量随葬品等，都是为了给死者魄体以隆重的"礼遇"，为之提供完备的地下生活空间，而两汉墓壁大量的仙府绘画和雕刻与当时及其以后墓顶仿天穹式的造型及其天象图等等[86]，则无疑旨在为灵魂营造活动的天上空间。

先秦和西汉时期的帛画以墓主人肖像和龙凤为主题，被认为是墓主灵魂升天的形象写照。而能为这一诠释提供参照的是近世尚存于东北夷诸民族中的招魂幡及人形神偶。长期从事东北萨满教调查与研究工作的富育光曾这样记述：在中国东北民族中，也有着与汉人相类的魂魄两分观念。它们认为人死后魂气浮荡于空宇间，必须由萨满主持的祝祭活动引其归位。在这个活动中最重要的内容是萨满诵读的招魂祝辞，它实际上是属于一种咒语式的短而情深的神赞，一种诵颂式的"佛波密"（诵念词），如此游魂方能引至一定地点，并凝聚不动。但它不能长期静止不动，随着萨满咒语约束时限的过去会消散和游走难寻。"为此必须有一定的附着物，作为浮魂所托，使之久凝其上，像人的肉体依然如活着一样魂有所归，这便是葬俗中的引魂物。满族及其先民所有的坟上'佛朵'和招魂幡，其形为一长竿，上扯满丝条纸帛，便是人死后的魂魄皈依附体。鄂伦春族出殡时，要请萨满扎一草人……草人便是亡者魂魄的附体……进而又出现许多偶形祖先替身，这便是人形神偶产生的最根本原因"[87]。东北诸民族的招魂之俗虽远离中土，远离先秦两汉，但却与楚汉使用帛画招魂之俗有惊人相似，这里萨满诵读的"佛波密"类同《楚辞》的"招魂"和"大招"，丝条纸帛则为绢质帛画的变体，灵魂偶像则为帛画墓主魂像的演变，萨满对魂游的理解、魂帛使用的目的等，对我们理解楚汉帛画或有启发意义。

我国东北民族萨满教还认为，灵魂"像有一层薄质包围着的内部流动的气雾状体，唯萨满可以看见"[88]，或人有形影魂的存在，或曰灵魂是人的影子和映像[89]。帛画中的人物正是具有这种特征的墓主人影像，它的绘制表明了墓主灵魂存在的实在。以龙凤为骑乘飞升天上在屈原笔下就曾被频频描述。按照原始魂魄理论，灵魂作为一种可以和身体分离又相似的影子，不仅可在身体死后继续存在，就是生时也会出现在醒时或梦境中。尤其是人们熟睡的时候，灵魂会离开身体在外飘游，访问某地、某人，做他梦想要做的事。而死者之魂要升天则以龙凤为导引或乘骑。因此，《人物龙凤图》上才会绘以龙凤，楚墓灵床上才会镂空或织绣龙凤纹。在此图人物脚下，有一个月牙形物，应为灵魂所乘舟船[90]。

《人物御龙图》自上而下绘有舆盖、墓主、龙舟、鹤、鲤等，综合墓主为男性，曾随葬与帛画人物所佩相类的剑和帛画人物装束颇具"带长铗之陆离兮，冠切云之崔嵬"（《九章·涉江》）之屈赋风采等因素，对将帛画人物视为墓主一般没有争议，而围绕墓主所设的龙、鹤、鲤、天盖则大都被视为是表示成仙登天思想的。因此，在帛画发现伊始，就将其主旨确定为墓主乘龙[91]。但画面左下有鲤鱼存在，其表现重心似为龙舟水行，如此则与升天主题相矛盾。对此，发掘者进行如下阐释："帛画中龙不作腾云驾雾、高扬在天之状，而画面作舟形，似是在冲风扬波，这应与古代人想像的神仙世界有一定关系。古代传说中的神山多在海中，因此求仙登天必须经过沧海。何以为渡？一般的船不能胜此重任，只得以龙为舟。"[92]相比之

下 "魂舟" 之说[93]，论述似较深入，且能与涉水之说有机结合起来。

至于魂舟的驶向问题，中国俗语素有 "魂归西天" 之说，这可能与后世佛教信仰广泛有关。但在佛教未传入之前，我国西部就有长生不死的神话，向往昆仑神山就是向往灵魂西归。中美洲玛雅人也相信人死之后灵魂西归，故玛雅人死后要头向西方举行丧仪[94]。在民族学中，也有死者西归的习俗，如普米族死者头向必须朝西。他们认为，人死如日落西山，故必须如太阳一样西 "降" 而亡。同时，他们也认为死亡就是回归故土，而对普米族人来说，老家在其现居地之西，故死者亦须头向西方，以求灵魂西归[95]。

无独有偶，在楚地发现的帛画，其灵魂之所在也以西方为终极。《人物龙凤图》中的墓主魂灵像脚踏轻舟，双手合十，面左而立，似在龙凤导引下正欲缓缓西行。与《人物龙凤图》相对静态画面相比，《人物御龙图》中的灵魂升天更显生动。全图除舟首一鸟首和舟尾鹤首向右上方外，其余人、龙、鱼都朝向左方，舆盖飘带、人物衣饰和龙辔拂动方向一致，也皆由左而右，表现出风动的方向，显现出魂舟是西向而行的。甚至马王堆两幅 T 形帛画墓主也无一例外为左向行进。属同种题材的墓葬壁画升仙图，也表现出同样的方向性，如西汉洛阳卜千秋墓男女墓主分别乘三头鸟和蛇形舟，在衔芝草仙兔导引下，左向而行，一双髻仙女正迎候其于左侧云中[96]。旅顺营城子（今属辽宁大连金州区）东汉壁画墓 "升仙图"，正中画足踏云气、着长衣、佩剑之墓主魂灵像，右有男童，左有导引其升天的方士。此三人左右分别有朱雀、苍龙，依宋玉《九辩》对升仙时 "前朱雀之芰芰兮，后苍龙之跃跃" 的描绘和墓主、童子皆左向的情况，这里的升仙方向显然也是西方，而在画面最左侧云端正有仙人迎接。

对于这种帛画、壁画升天死者均左向的现象，孙作云指出："可见人要升天成神仙，都要向西行"[97]。同为升天或升仙题材的楚汉帛画、壁画墓主皆面左的情况，应该是对灵魂所驶方向的一种标示。当然，这种认识是以先秦、两汉实际存在着的两种方向之一种[98]，即上北下南、左西右东方向为出发点的。说帛画的方向应是以左为西，是因为西部昆仑神山的魅力。

六十年前，闻一多撰写了《神仙考》一文，考我国东部燕齐神仙思想之来源，指出中国的不死观念源自西部氏羌。此观点征之于文献，有《墨子·节葬》下篇、《吕氏春秋义赏篇》为证。前者云："秦之西有仪渠之国者，其亲戚死，聚柴薪而焚之，熏上，谓之登遐。"后者有"氏、羌之民，其虏也，不忧其系累，而忧其死不焚也"之说。由此闻氏以为，今甘肃、新疆一带古为羌、氏所居，也是不死观念产生的地方，传说中的不死山、不死树、不死药、不死民都集中于这一带。所谓"不死"，实际与这里流行火葬密不可分。羌氏人大抵认为，人死而行火葬，其灵魂即可获永生。上述所谓"登遐"本意就是指火化，是灵魂乘火上升于天，而"西方人相信天就在他们那昆仑山上，升天也就是升山"[99]。由此，昆仑山也就被视作天山[100]，而这天之山又乃"帝之下都"、"百神之所在"，登此山，也就是与百神同在，可长生不死，永享快乐。对于东部先民来说，这西部的不死之乡和昆仑神话世界无疑是充满魅力的。

昆仑神话的东传，据闻一多考察，与可能是与羌族的姜太公东封于齐有密切关系。顾颉刚据史籍《禹贡》、《诗经》、《左传》、《国语》和先秦诸子对昆仑神话或简或繁的记述，认为两周时期昆仑神话只零星传入中原，至战国时期始有系统介绍。战国中后期燕齐神仙思想的勃兴和蓬莱仙山的海上探寻活动，便与昆仑神话系统东传密切相关[101]。在闻一多的文章中称之为"西方思想第二度访问中国"。应该指出的是，闻氏在论述中将"升天"等同于"升仙"，学界也往往对这两个概念不加区分，从而给人们理解东西两大神话系统带来了某种混乱。

其实，"升天"与"升仙"、"神话"与"神仙"两对概念既有区别又有联系，"升天"观念从原始社会到夏、商、周以降都有存在。中国东部广大地区的土葬墓祭可能是希冀亡者灵魂"升天"的一种表现，西部羌氏的火葬则是另一种形式，尤其是我国西部高原，视觉上的高及青天，很易让人产生"升天"必登山的联想。又由于在巫术文化中，山多被视为帝所从上下的天梯，山上聚集众多的神灵，故有了登山即为神的思想，因此升天—登山—成神，大体是昆仑神话的模式，而成神主要是指的灵魂不死。顾颉刚称，东方的仙岛由西方的神国脱化而出，萌芽于春秋、战国时期，兴盛于秦汉、魏晋，其要旨在于追求长生不死、灵肉两全。所谓升仙也就不是人死而成仙，而是生且灵肉整体飞升成仙，这样的允诺自然更为世人欢迎，昆仑的失势在所难免。

昆仑位于楚国西部，楚引魂升天的帛画均面西，显然是希望亡灵能入不死之区，故而孙作云言人要上天须西行，萧兵也谓："鬼魂如果要西行的话，那就是希望进入昆仑区从而升天"。黄宏信称："若想灵魂升天，长生不死，最美妙、最好的途径是登上这'百神之所在'的神仙境界昆仑山。这就是屈原无论历经如何周折，最终是要'指西海以为期'，帛画、壁画等描绘的神灵人物所以要西行的深刻内在因素之所在了。"[102]因此，楚帛画向西行舟的极境正是昆仑王母之乡，所以舟行乃为渡西海，涉弱水[103]。

2. 招魂复魄

在阅读研究帛画性质的文字时，常常会感到论者在使用引魂、招魂等词时有概念混同的倾向。根据古文献和民族学资料，我们特别规范使用"引魂升天"与"招魂复魄"两个概念，前者指引亡魂升天，使灵魂获得永生，后者指招游魂复魄。据汤炳正言，招魂乃遍及大江南北之古俗，尤其是《楚辞》中魂魄离散、遨游天地之间的幻境比比皆是，足见离魂与招魂乃楚人巫风习俗中的两个重点，其中又有招生魂、死魂之别[104]。所谓招生魂，乃指将已"悠扬"于天地四方的游魂招回[105]，复归于魄体，使濒临死亡的人复活；招死魂则指将已死亡者的游魂招回魄体。《楚辞·招魂》司马迁以为屈原所为，学界研究也颇有《招魂》乃招客死秦国的楚怀王之魂说。唯王逸《楚辞章句》说："《招魂》者，宋玉之所作也。宋玉怜哀屈原，忠而斥弃，愁懑山泽，魂魄放佚，厥命将落，故作《招魂》，欲以复其精神，延其年寿，外陈四方之恶，内崇楚国之美，以讽谏怀王，冀其觉悟而还之也"，明言《招魂》为招生魂之作。宋代理学家朱熹也由此推断："荆楚人之俗，乃或以是施之生人。"明陆时雍，清俞樾、姚培谦、王夫之等亦皆持此说。民俗学家钟敬文又援苏、浙、湘等地至今仍有招生魂之习俗资料，认为《招魂》里所招的应该是生魂无疑。

新死之人，则需举行"复"仪，也即以死者之衣招魂的仪式[106]，实为招死魂。因为对象是新死之人，故这种仪式已不含将其游魂招回体内以期救治的意义，而更多的与表示孝心、爱心有关。此正所谓"复，尽爱之道"的意思，仅具有象征性、仪式性意义，也是一种安魂。

综上所述，至少在先秦、两汉，我国就普遍存在着招魂之俗，这其中包括招生魂和招死魂两种，前者以《楚辞·招魂》、《大招》为代表，招具或为衣，或可用他物；后者以先秦、两汉文献中称作"复"的招魂仪式为代表，以衣为招具。迄今鄂西南宜都丧事风俗歌舞《绕棺游所》、秭归民俗活动"龙舟竞渡"前和"跳丧鼓"中都要唱的《招魂曲》，无疑是楚汉招魂之俗的孑遗[107]。其形式和内容都与《招魂》有着显而易见的源流关系。

《楚辞》中的《招魂》和《大招》是现今仅存的两篇先秦招辞，也是最富文学性质和巫术色彩的招魂辞，其中不乏对楚人招魂程序的陈述描绘。"秦篝齐缕，郑绵络些"明言是招具，大体也是以衣招魂的。甚至就是死者生前之衣，因为这样的衣服尚留存亡者气息，以之招魂会更灵验。因此可以肯定，楚覆棺帛画不是招魂之具。实际上应该说，它只是魂幡，是为了体现经招魂仪式后亡者之魂已归故里而特别制作的一件魂幡。上面绘出死者肖像（即魂像），即代表了亡魂已归和其存在的实在，从此这件魂幡便具有死者亡灵的"身份"，先高悬于灵堂（即《招魂》中的"像设君室"）和殡丧队伍之前，最终再以覆于棺上的形式表明与魄体相合。从这个角度讲，一方面帛画魂像是招魂仪式的结果，而不是在招魂巫术仪式前就预备的招具；另一方面，魂幡制作的目的又是为了最终能使亡者的魂魄两合（即合魂魄）并魂归于天。至于引魂升天，主要是通过图绘龙、凤体现出来的。此外，帛画覆于棺或椁盖板中部（而非死者身上）棺上，又多于顶部正中置璧（江陵马山 1 号墓置棺盖饰），也昭示出亡魂的终极归宿乃为天上。

引魂升天、招魂入魄是人们在讨论帛画性质时两种截然不同的观点，分歧主要在于人死后魂归何处，要么以复魄为目的，要么以升天为终极，二者不可兼得。然而根据《楚国风俗志》作者研究，楚地是既有招魂入魄巫术，又有引魂升天巫术的，且引魂升天是与"招魂"相衔接的一项巫术仪式[108]。由此认为，魄体于灵魂再生还是颇为重要的。古埃及人认为只有保全尸体，灵魂才能永存，木乃伊的出现当是这种观念的产物。中国古代也有相类思想，如《越绝书》十三"枕中篇"中，范蠡就曾有"魄者，生气之源"的看法。如此魄对灵魂升天或灵魂永驻就是至关重要的了。总之，引魂升天或应以招魂入魄、善存魄体为前提，而招魂入魄又是为了最终引魂升天[109]。

楚地引魂升天仪式不像招魂仪式那样富于动作性、表演性，而是以象征性为主要特征[110]。其具体办法是，在墓室中放置飞鸟漆器和各种图绘物。在墓葬中放置飞鸟漆器在战国楚墓中颇为多见，较典型的样式为"虎座飞鸟"。木胎基本形态为一展翅飞鸟立于一虎座之上，鸟背上另插一对鹿角，在楚大中型墓中往往放置一件。在曾侯乙墓还出土头插鹿角的青铜立鹤，郭德维认为这种虎座飞鸟就是古代的风神飞廉，将其"放在墓里，大概是伴随墓主的灵魂上天的。正如屈原遨太空由飞廉来启路作先驱一样"[111]。张正明也指出，"随葬虎座立凤，意在招致风伯，让他接引死者登天"[112]。此外，在楚贵族墓头箱中，还多见木雕镇墓兽。一般每墓也限一件。仅以《江陵雨台山楚墓》一书所举的五百五十六座楚墓中，就有一百五十六座身份较高棺椁墓中出土镇墓兽。两种木雕皆用于楚高级贵族墓中，且以江陵出土为最。楚人以为魂既可能升到天界，也可降到冥界，关键看道术如何，"一般的贵族下葬时要做双重安排，既争取升到天界去，又准备降到冥界去，以飞廉雕像随葬，是争取升到天界去，而以土伯雕像和'黑人'雕像随葬，则是准备降到冥界去"[113]。彭浩则认为镇墓兽的功用也在于引魂升天（图一二）。他分析丝织品、漆器、帛画上面的龙的形象，认为尽管各有不同，但总体说来都具有张嘴、吐舌、眼大、头上有角（或无角）、身体蜷曲、有足等特点，镇墓兽形象也大体如此。加之一部分镇墓兽上原本就绘有具有上述特点的龙纹（如江陵天星观 1 号墓镇墓兽身体两侧便各绘六小龙），更揭示了镇墓兽的本来面目，故而随葬它是为了"用作引导死者灵魂升天的具体物象"[114]。

墓中用以招魂、合魂魄及引魂升天的图绘物，通常表现的母题是龙、凤、舟、墓主魂像及天上、人间、地下三界图景和天象图等。以楚墓为例，有在棺上绘以龙凤图案的（而不再随葬镇墓兽），如长沙烈士公园 58、3 号楚墓外棺内壁的东西挡板上裱有龙凤纹绣品，荆门十里铺包山 2 号楚墓内棺表层绘满龙凤纹图案，属于楚系文化的曾侯乙墓内外棺上则绘以大量龙纹，大体皆具合魂魄、引魂升天寓意。至于帛画所绘如上所述，有龙凤、舟船等，主要是以舟载灵魂、以龙凤为导引，漆木、丝织衣物上的龙凤也都对魂灵有导引的作用。星象图，如曾侯乙漆箱盖北斗二十八宿图，其"功用是为灵魂指引升天的方向及路径，具有'地图'的性质"。至于汉代棺上所饰"七星板"也具星象意义。而天、地、人间三界图景主要见于马王堆帛画中，有人认为其"表现的是升天的全过程，它的功能也

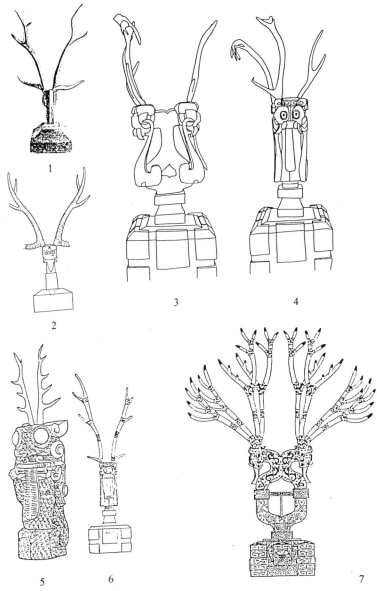

1

2

3

4

5

6

7

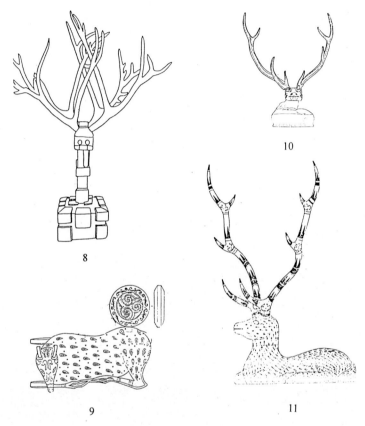

8

10

9

11

图一二　楚镇墓兽

1～8.楚墓出土的各式镇墓兽　9.江陵马山楚墓出土木鹿　10、11.曾侯乙墓
出土漆木鹿

是引导灵魂升天"[115]。笔者进一步认为它是魂幡加铭旌,画
面包括墓主魂像、招魂入魄(即合魂魄)再引魂升天的全过
程,其中天国的辽阔、热闹、神奇,正显示出引魂升天乃图绘
的意旨。西汉以后更多的墓顶绘天象图,以显示亡者灵魂之所

居。至于幽府则皆舍而不论，墓主灵魂图则以墓主宴享、车马出行等各种墓主人生活图代之。

通过上述分析，我们可说已知楚帛画或许仅是楚地丧葬巫仪活动中的多种用物之一。就其实质论应是魂幡，从形制、内容到放置特点等方面考察，说其客观上具有后世铭旌性质也不为误。至于汉初帛画，因为墓主人像的栩栩如生和天地景象与具体情节的铺陈，不仅更突出了其魂像的性质、铭旌的效用，还具体地展示了合魂魄然及灵魂升天的巫术全过程。

（四）楚帛画的艺术成就

正如楚文化在先秦时代占有重要的文化地位一样，楚艺术也可谓华光流照。以楚美术为例，其游目而观的"流观"审美视野、自由灵动的无限宇宙意识、超越模拟的象征意象造型和"惊彩艳艳"的感观生命追求，无不以楚地博大精深的文化为前提，反映着楚地巫、道、骚的精神要旨。它在绘画、书法、雕刻、建筑、青铜、漆木、陶瓷、织绣印染工艺等方面的全面繁荣与发展，又无不展现出楚美术的丰富多彩。楚帛画便是在这样的大背景下产生的，其在传统绘画方面的成就，也在很大程度上代表着当时中国绘画的水平。

如前所述，楚帛画以毛笔在丝织的帛上作画，墨是它的主要绘画材料，因为是以丝帛为独立的载体，便摆脱了以往绘画附属于建筑和各种礼器、生活实用器皿之上的状况，又因以墨为绘，遂具备了中国传统画的基本要素与基本形式。绘制楚帛画的初衷可能具有超现实的神秘意义和巫术功能，如为了与神沟通，在丝帛上画出神秘的图画或符号；为实现魂魄合一，绘死者魂像于丝帛上，是为魂幡。但这一切最终都是为了解决现实中的人的问题，具有很强的现实功利色彩，所以它的发展是必然的。研究表明，中国人与天沟通的愿望和追求是由来已久的，先秦时期又普遍流行魂魄二元的生命观，追求生命的与天同寿。楚地现已发现的帛书画表明，它很可能是当时这一流行思想在楚地的物态表现形式之一，因而也具有普遍意义。而由此开创的以丝帛为载体、以独立形式存在的绘画——帛画，也成为汉魏以后中国传统绘画独立发展的开始。

楚人绘制具有较强巫术意义的帛画，或为现实的"人"与幻想的"灵"的杂糅，但无论如何人物都为绘画主体，尤其像帛画这种对特定人物即死者的描绘。我们认为帛画的魂像实即代表了死者本人，以期合魂魄和引魂升天。人们绘制死者肖像时，为了更好地达到预期目的，又力求肖似。由此，先秦画工才能将人物的写实表现推向新的高度，并为汉魏人物画的发展奠定坚实的基础。

《人物龙凤图》和《人物御龙图》是从题材到表现手法上都较为相同的作品，二者皆以白色丝帛为载体，题材上都有楚地常见的龙凤等神异动物和具肖像特点的人物形象，表现手法都是夸张、变形与写实、写意并举，帛画主题也都力求沟通人神、融现实与虚幻为一，实现魂魄两合与灵魂的飞升与自由。

《人物龙凤图》除勾勒的被认为是大地的半个船形置于画面左下角外，全画基本采取对角构图的方法，下右绘人物，上左绘龙凤。左侧的龙头类蛇、双身为楚美术中常见的龙形，呈S形，龙首向天，两爪奋力，扶摇直上。右侧的凤，体躯庞大，身姿矫捷，冠戴优美，羽尾高翘。它们是楚人幻想中的天宇灵物，是自由生命的象征，与楚美术中的众多龙凤有着相同的审美表现与追求，凤甚至可谓是苍劲绝艳的楚风典范。然而，一向作为主角的龙凤在这幅帛画中尽管位置显著，却并非主角。作者在帛画中致力表现的乃是一个面容清秀、发髻严整、身穿宽袖长裙的细腰女子。她作全身立像，且一改先秦以往惯见的首大躯短的人像造型传统，表现出较为合度的首身比例，充分体现楚地女子"小腰秀颈、若鲜卑只"的审美情趣（《楚辞·大招》），甚至与现代人对人体比例标准的要求相近，着意突出人体的修长。因为头像小，且作正侧面的形象表现，故面部仅具侧面轮廓，缺乏细部刻画。但作者却通过身姿仪态、典型服饰等达到了较好的写实效果，其成功所在主要取决于线描技法的发展。我国运用线条描绘物象的历史可上溯至新石器时代，但直到三代的漫长岁月，绘制最多的都是装饰纹样、动物纹样及超自然形象。从考古实物资料看，中国画线描人物传统的开始形成是在先秦时代，以漆绘发达的楚国为例，工匠们在以漆为墨、绘制大量龙凤、蟠螭、卷云、勾连、三角蝶纹等的同时，也用绘描（兼平涂）手法、以毛笔为绘画工具，表现了不少率真、质朴的人物形象。正是以大量漆绘为基础、以缣帛为载体、以墨为材的帛画人物才得以出现。就《人物龙凤图》而论，各种物象均以单一的铁线勾勒，用线虽未免稚拙，但人物肃穆端庄的仪容却生动可信，领、袖镶彩条的卷云纹绣袍与马山1号墓出土木俑的彩衣样式风格相同，是当时贵族衣着华丽考究的写照。女子口唇、袍袖施朱，更为其增添了神采。袍服领、腰、裾，尤其是下摆，大面积平涂墨块，还辅助线描。曳地的袍裾，前端上翘，状如花瓣卷云，在风中飘舞。不仅赋予人物动感，还营造出女子在龙凤导引下乘云飘浮、徐徐升天的意境。而这正恰如其分地表达出帛画不仅具合魂魄功能，且更以引魂升天为归旨的效用。

饶宗颐曾高度评价此图的绘画技术，说："此帧全用线条勾勒人物与动物，韶秀清劲。此时期线条所表现的骨法用笔，有高度造诣，生动之笔触成为画面主要元素。具见绘画者如何工于控制手笔，大有后世所称'高古游丝描'之手法，流露出轻茜雅丽之快感"[116]。

《人物御龙图》是在构图上甚为饱满的作品，所绘物象也较繁多，最为醒目的是占去画幅大半空间的巨大的龙。它额顶鸟首两出，颇为神异。头部与前躯奋力上腾，仿佛要冲出画面，腹尾又盘转弯曲，形成一个大体的 U 形。此类船的造型和腹侧游动的鲤鱼，似乎表示着龙游水府，但从龙体的奋飞、驭龙人的凌空、承托龙体的卷云等表现看，更像楚人梦游天河，而那不死的灵魂正驭龙飞升。从龙凤图到驭龙图，人物写实水平的提高令人惊异，尤其是线描的表现力又有了长足发展。从造型讲，虽然仍为人物全身立像、正侧面表现，但人物整体比例是合度的。各部分特征与结构的表现也有新的发展，如作者已能在有限的侧面人像上刻画出其生动的个性，透过一袭长袍，也能感到作者对人体内部结构如背、肩、臂等贴切自然的刻画，线条的运用更走向成熟与丰富。"画家已经注意到描绘不同的部位，运用不同的线来体现形与质。面部的线是精微的，若隐若现，呈现的是严峻的容貌与须眉；表现服饰的线是绵延舒畅的，如行云流水，如春蚕吐丝，呈现的是舒缓行进中的广袖长袂"[117]。研究者也注意到人物线的表现力，指出图中"单线勾勒的笔触，显得刚健挺拔、遒劲有力、云流风动"[118]。正因如此，帛画人物形貌较《人物龙凤图》更为写实，依实物模写的发髻冠饰、衣裙佩剑也很真实，尤其是佩剑与曾侯乙墓钟虡佩剑铜人肖似。动物中表现最成功的莫过于鹤，不仅形肖而且神似，实可谓气韵生动之作。从画面主题展示看，人物是偏于静的表现的。它上身显得板滞，且略后仰，有站立不稳之嫌。下体因宽大衣裾的简单处理也不甚自然，但这样的造型再辅以头顶之切云高冠、腰间之佩剑，却俨然轩昂之贵族仪态，表现的是其在升天中的闲庭信步、从容自若。只有从紧绷的驭龙长辔、上腾的人体及由此带来的衣裾襞褶的扭曲等方面，才能感受到人物上升的紧张度和运动感。华盖流苏和人物冠带的飘拂则既展示了天风的劲疾，也显现出主人公扬灵遨游的愉悦与悠然。龙首处回眸对视的鸟首，揭示着人物与龙的运动关系，也形成一种前后的呼应。单足傲立的鹤则或为魂舟之尾饰，或寓意灵魂的超然。总之，这幅绘着死者肖像的魂幡，为现实的人营造了一个虚幻神秘的世界，并以绘画的形式展示出人们的宗教信仰和精神追求。此外，与《人物龙凤图》一样，此图也以墨线勾勒、平涂墨块为主，一般认为还出现了渲染，但从帛画原件看，也可能是墨迹长期浸润所致。然而正是这样的效果，使帛画又具有一种古雅庄重的格调。

楚《帛书十二月神图》与上述帛画从功用、内涵到表现形式上都不相同。它是帛书的有机组成部分，是对楚地十二月神系统完整的形象展示。作为超自然神祇，十二月神采取了楚地惯用的将现实物象夸张、变形、分解、重组的构形手法。由于这种创作方法有无限种不同组合的可能，所以楚地超自然神祇素来构形大胆奇诡、千变万化，形貌远远超越我们的想像。仅以这里的十二月神为例，作者就用蛇、龙、鸟、人、龟、兽等动物及人物构组了各有特色的共十二个神祇。或鸟身人首、鸟头兽身、龙头鸟身，或项有三首、四首，或头生牛角、羊角，造型诡谲，寓意神秘。在表现上都以细线勾勒、平涂色彩为主，运笔随意，或略显板滞。色彩以红、赭、蓝、黑为主，具有浓厚、热烈的色彩美感，此外，又以青、赤、白（双勾）、黑四色绘制率意的四木。经研究，全部图像与文字一起，传达的是楚地北斗太一、四时、四方的宇宙观念，而将这一观念以清晰的视觉图式表现，就出现了以中央（帛书文字）为中心、十二月神分绘四方、作首内（向心）足外、左旋式排列及四角则分置四木且作右旋指示的形式。而这种象征宇宙运行的图式一旦创制便具有了神秘乃至神圣的意义，从而成为后世相当长时间内艺术图式的传统，如汉代的式盘、博局、规矩纹铜镜等的纹饰排列，画像石、画像砖等的四象、四宫、四方表现，覆斗形陵冢墓志及其纹样特征，甚至河西两晋壁画墓墓顶装饰、敦煌莫高窟 285 窟顶部壁画等等，也大都遵循这一中心、四方、四维的图式。总之，《帛书十二月神图》的图式结构对后世艺术的发展有着深远的影响。

在充分领悟楚艺术特征与风格的同时，我们也感受到它们的兴作大都与丧葬和灵魂不死的观念有密切关系。换言之，它们都是人们对生命永驻追求的"作为"，尤其是帛画，更是合魂魄与求灵魂升天的丧葬巫仪行为的产物。帛画的实质虽然就是死者的魂幡，但其合魂魄与引魂升天功用展示的却又是一系列巫术（也是艺术）的行为，其中充满着人们对生命虚幻的美好的向往，蕴涵着人们对无限生命的礼赞与颂扬。

注　释

[1] 转引自夏鼐《关于考古学上文化的定名问题》，《考古》1959 年第 4 期。另见

向绪成《关于"考古学文化"概念及相关问题》,《江汉考古》1998 年第 1 期。

[2] 俞伟超《关于当前楚文化的考古学研究问题》,《湖南考古辑刊》第 1 辑, 1982 年。

[3] 据黄盛璋、钮仲勋《楚的起源和疆域发展》一文考证,楚极盛时拥有河南南部,四川东部,陕西东南部,湖南、湖北之全部,江西、安徽、江苏之大部及贵州、云南之一部,楚文化也在上述地域属楚后而得到扩大推广,文载《地理知识》1979 年第 1 期;凌纯声在《中国与东南亚之崖葬文化》中指出,古代亚洲太平洋区域南岛语族(Austronesian Family)或马来波利尼西安语族(Malayopolynesian)系统的民族,古代居于中国长江流域,尤其以中游左洞庭、右彭蠡为中心区域,最早见于中国古史者名九黎,其后在西南者曰百濮,在东南者称百越。原文详见《历史语言研究所集刊》23 本下册,第 639~679 页,1952 年。考古资料表明,凌氏这一论断是有一定依据的,古代中南半岛及整个亚洲太平洋区域文化与中国南方的濮僚系统民族与百越系统民族有较密切的联系,因而均直接或间接受楚文化影响。

[4] 据 C. H. 鲁金科《论中国与阿尔泰部落的古代关系》,在前苏联南西伯利亚地区相当于战国时代的巴泽雷克墓群中,发现了最典型的楚式镜四山镜和与江陵楚墓、长沙楚墓出土的完全相同的用辫绣法绣出的刺绣凤鸟花草雉翟纹鞍褥面,可见楚物已流至境外,影响广大。参见《考古学报》1957 年第 2 期。

[5] 参见徐旭生《中国古史的传说时代》第 55~57 页,科学出版社 1960 年版。

[6] 俞伟超《楚文化的渊源与三苗文化的考古学推测》,《先秦两汉考古学论集》第 229 页。

[7] 俞伟超《关于楚文化发展的新探索》,《江汉考古》1980 年第 1 期。

[8] 丁永芳《楚民族溯源》,《湖北省考古学会论文选集》(一),武汉大学学报编辑部 1987 年。

[9] 张正明《楚文化的发现与研究》,《文物》1989 年第 12 期。

[10] 张正明《楚文化史》第 4 页,上海人民出版社 1987 年版。

[11] 有学者根据楚墓多东向、楚蛮墓为多南向的现象,也认为工业区楚族是迁自中原,参见张胜琳、张正明《上古墓葬头向与民族关系》,《湖北省考古学会论文选集》(一)。又宋公文《楚墓的头向与葬式》指出,楚公族、中上层官吏贵族头向尚东,皆仰身直肢,且随公族人员膨胀,大量公族成员成为庶人,东向墓也见于下层墓中,葬式皆仰身直肢,这反映楚族祖先之地在北、东。相反,此时中原东周墓多北向,屈肢,反映其地民族多为来自北方的夷

狄人。参见《考古》1994 年第 9 期。

[12] 参见马世之《中原楚文化研究》第 6～37 页，湖北教育出版社 1995 年版。

[13] 有关楚国或族名之由，学者多有论说，可参见段渝《荆楚国名问题》，《江汉论坛》1984 年第 8 期；张正明《楚文化史》第 12～13 页；王光镐《楚文化源流新证》，第 49～50 页，武汉大学出版社 1988 年版；张正明《楚史》第 22 页；马世之《中原楚文化研究》第 47 页，其中"先楚后荆"的说法一反过去诸说。

[14] 参见何光岳《荆楚的来源及其迁移》，《求索》1981 年第 4 期；顾铁符《周原甲骨文〈楚子来告〉引证》，《考古与文物》1981 年第 1 期；李玉洁《楚史稿》，第 6 页，河南大学出版社 1988 年版；马世之《中原楚文化研究》第 50 页，湖北教育出版社 1995 年版。

[15] 丹阳地望素来众说纷纭，马世之《中原楚文化研究》一书引征、考证详赅，参见第 53～80 页。

[16] 参见张正明《楚史》，第 1～27 页。

[17] 同 [10]，第 26 页。

[18] 俞伟超《关于当前楚文化的考古学研究问题》，《湖南考古辑刊》第 1 辑，1982 年。

[19] 有关楚文化考古发现，参见楚文化研究会编《楚文化考古大事记》，文物出版社 1984 年版。

[20] 李惑之《试论楚先祖祝融谱系》，《江汉考古》1988 年第 1 期；沈建华《由出土文献看祝融传说之起源》，《东南文化》1998 年第 2 期。

[21] 王纪潮《楚人巫术与萨满教的比较研究》，《江汉考古》1993 年第 2 期。

[22] 方铭《从庄子与屈原的审美理想看"楚文化"》，《中国文化研究》1996 年春之卷。

[23] 同 [10]，第 98～104 页。

[24] 参见高至喜《从湖南楚墓看楚国的葬制》，《湖南考古辑刊》第 4 辑；刘彬徽《楚系青铜器研究》第 84～92 页，湖北教育出版社 1995 年版。

[25] 同 [12]，第 37～43 页。

[26] 参见郭沫若《两周金文辞大系考释》（下册）初序，上海书店 1999 年版。

[27] 西周宫廷乐器据其制作材料的质地分，有金、石、土、革、丝、木、匏、竹八类，史称"八音"。楚国于八音中尤以金为重，在迄今已知的音乐文物中，荆楚编钟多达二百四十多件，且规模庞大。至于以编钟为代表的楚及楚系音乐艺术在技术方面的发展，有学者以为，主要与统治上层耽于声色之乐、追

求视听感官上的愉悦与享乐有紧密关系。参见杨匡民、李幼平《荆楚歌乐舞》第 243～257 页，湖北教育出版社 1997 年版；修海林《古乐的沉浮》第 36～39 页，山东文艺出版社 1997 年版。

[28] 商代巫文化盛行，周代虽相对尚质，但上承殷商，也不乏巫风，战国盛巫则又承于周。张光直从 60 年代起就关注商周文化传统中的巫教问题，80 年代以降，随着考古资料的丰富，多次强调三代文化的巫文化性质。参见张光直《中国青铜时代》（三联书店 1983 年版）、张光直《考古学专题六讲》（文物出版社 1986 年版）和张光直《中国青铜时代》（二集）（三联书店 1990 年版）等专著。

[29] 王从礼《试论楚人信鬼重祀的习俗》，《江汉考古》1989 年第 4 期。

[30] 其实巫学不仅限于巫术、巫法、巫技，即不全是原始的宗教，其中也包含着早期的科学和艺术，前者主要是天文、历数、医药，后者主要是诗歌、乐舞、美术。

[31] 蔡靖泉《楚文学史》第 28～33 页，湖北教育出版社 1995 年版。

[32] 据伯利布莱克勒和黑德派德撰写的《西方的楚文化研究》一文，西方最早关于楚文化影响作用的专著为张光直 1951 年写的《对南中国早期历史文化的假说》。1972 年，张氏撰文对古今楚文化考古研究做全面评述，威特逊撰文论述楚物质文化诸种；1972 年、1980 年两次亚洲学年会上都给楚文化以足够重视，评论楚文化考古（朱狄·霍斯特曼，1975 年），讨论楚政体和社会（韦吉尼亚·卡勒，1975 年），考察楚国艺术（杰尼·苏，1980 年）、楚国宗教（约翰·马约，1980 年）、楚国语言（威利亚姆·C·J·林，1980 年）和楚国历史地理（伯利·布莱克勒，1980 年）。1984 年亚洲历史学会又研讨了楚国考古和区域政体问题。其他研究还包括对楚国宗教崇拜物的评论（比尔斯哥，1975 年），对楚宗教传统的研究（马约，1977 年至 1978 年），楚国青铜艺术的基本图案（杰尼·苏，1983 年），楚国祖先神话（哈克斯，1983 年）以及评介中国楚文化研究（布莱克斯，1985 年至 1987 年）。至于中国楚文化研究者，则不胜枚举。

[33] 同 [10]，第 320 页。

[34] 据曾宪通《楚帛书研究述要》说："近五十年来有关它的论著总计在七十种以上，是海内外学者广泛感兴趣的一个课题。"参见《楚地出土文献三种研究》第 362～404 页，中华书局 1993 年版。

[35] 参见湖北省荆州地区博物馆《江陵天星观 1 号楚墓》，《考古学报》1982 年第 1 期；《包山楚简》，文物出版社 1991 年版；荆州市博物馆《郭店楚墓竹

简》，文物出版社 1998 年版。

[36] 饶宗颐《帛书"丙篇"与"日书"合证》；饶宗颐、曾宪通《楚地出土文献三种研究》。

[37] 李零《长沙子弹库战国楚帛书研究》，第 31～34 页。

[38] 蔡季襄《晚周缯书考证》，第 2 页。

[39] 李学勤《补论战国题铭的一些问题》，《文物》1960 年第 7 期。

[40] 陈梦家《战国楚帛书考》，《考古学报》1984 年第 2 期。

[41] 李零《楚帛书与"式"图》，《江汉考古》1991 年第 1 期。

[42] 据《史记·日者列传》云："今夫卜者必法天地，象四时，顺于仁义，分策定卦，旋式正棊，然后言天地之利害，事之成败。"索隐云："按式即栻也，旋，转也。栻之形，上圆象天，下方法地，用之则转天纲，加地之辰，故云旋式。棊者，筮之状。正棊，盖谓卜以作卦也。"第 3218 页，中华书局标点本。

[43] 江晓原《历书起源考》，《中国文化》第六期，1992 年春季号。

[44] 民俗学家张亮采在 1910 年的撰著中就统称之为"物类"，认为其乃一种多神教或称"物教"，并认为是颛顼使"物类之官，各司其序，使民神异业"。袁德星又对"物"作如是解："中国古代的宗教信仰，渊源于拜物教，物为图腾的同义词，物的形象大部分是动物，或由动物升华为自然现象。"刘晓明另指出"物"首先指鬼物，而鬼物又特指巫师。"由于作为鬼物的巫师充当着人神交通的中介，需要在通神祈禳中扮装威严的脸谱，故其形象逐渐抽象、固定，变成似人似神、亦鬼亦兽的怪物，这就是青铜礼器上习见的饕餮纹样"。参见张亮采《中国风俗史》第 5～15 页，东方出版社 1996 年版；袁德星《上帝与天帝》（二），《故宫月刊》（93）；刘晓明《中国符咒文化大观》，第 8～10 页，百花洲文艺出版社 1995 年版。

[45] 张光直《商周青铜器上的动物纹样》，《中国青铜时代》，第 313～342 页，三联书店 1983 年版。

[46] 在巫术盛行时代，统领方国在很大程度上表现在对该方神物的统领。方国在祭典本国方物时，可能有不同的巫术形式、巫术行为和巫术技术。换言之，有不同的方技、方术。推测三代除铸诸方神物以协上下外，可能还包括对诸方巫觋的笼络，因为只有她（他）们才通晓本方的巫术、方技。

[47] 袁德星在《上帝与天帝》中，讨论了由氏族部落的图腾崇拜即百物之神到超民族的方国物神信仰，再到由诸方国共尊的、超越祖神即诸方国共同尊崇的方帝也称上帝（方位观念之"上方"而非上天）的过程，指出至周才有对天

帝的崇拜。袁氏又援陈梦家说："殷代的帝是上帝，和上天之上不同，卜辞的天，没有作上天之义的，天之观念是周人提出来的"，以此证明自己的观点。以上百物、方帝的讨论显然更多是建立在氏族、方国基础上的。但同时袁氏又指出："良渚玉琮的主要花纹可能是方位神，方位神也可能是方帝"，将方国神和方位神合二为一。而我们的讨论则将方国神物与四方位神分作两个体系，因为依艾兰的观点，四方位神"风"可能更具形而上的性质，方国之神物则可能是更具体实在的存在。与中国相近的是，在玛雅文化中也有四方位神，称巴卡伯神或查柯神。据传，它们是四个有力的同胞弟兄，是四个方位吹来的风之神，是风所送来的雨之神、雷电之神，因而也是农神、收获之神和食物供给神，在祭典中享有最高地位。参见胡春洞《玛雅文化》第12页。

[48] 此处图像描述以巴纳 1973 年出版的《楚帛书——翻译和笺注》一书封底纸袋内所附巴纳依 1966 年拍摄的帛书红外线照片临写本及所附蔡修涣彩色临摹本为蓝本，并参照林巳奈夫的《长沙出土战国帛书十二神考》中的文字。

[49] 其实《周礼·春官·神仕》中已明言天地群神是居于日月星辰的不同方位，而明其所居天地方位、辨其名称与形象，对冬夏二至的祭祀鬼神是甚为重要的。参见《周礼·仪社·礼记》第 73 页。

[50] HAYASHI MINAO, The twelve gods of the chan – kuo pepiod silk manuscri pt excavated at ch'ang – sha, *Early Chinese Art and Its Possible Influence in the Pacific Basin*, Edited by Noel Barnard, pp. 123~186, New York, Intercultural Art Press 1972.

[51] 如林氏文引董作宾文："□三月其雨，于四月其雨"，"戊午卜，今九月史，于十月史"。

[52] 何幼琦在其《海经新探》中曾指出，《海经》图上标注的并不是文字，而是图形，这些图形又都不是艺术作品的图画，而是根据特定的形状和色彩加以图绘并命名的（见《山海经新探》，四川省社会科学院出版社 1986 年版）。同样，楚帛书图像也无艺术性可言，而是依与《山海经》诸神文字描绘相类的文本图绘的形象，且各部分敷彩（如双臂、双脚、头面甚至饰物等）也一丝不苟，显示出某种规范或特殊要求。从这个角度讲，援《山海经》以考察《楚帛书》图像也是无可厚非的。

[53] 参见周南泉《论西周玉器上的人神图像》，《故宫博物院院刊》1995 年第 3 期。

[54] 河南省文物研究所编《信阳楚墓》中这样描绘该图："巫师，方脸、大眼、曲眉、高鼻、张口，颌下附有长带卷曲状物。下肢似兽爪，作蟠交状。"笔

者认为，实即为人兽合体的超自然神灵，或称巫师为了通神而扮成的人兽状神。原文详见该书第 30 页，文物出版社 1986 年版。

[55] 援引中外近现代民族部族资料进行中国远古文化艺术的研究，是以摩尔根所倡"人类同源论"，也即现代西方人类学中的"人种并行论"为基础的。摩氏早在一百多年前就明确指出："人类是出于同源，因此具有同一的智力原理、同一的物质形式，所以，在相同文化状况中的人类经验的成果，在一切时代与地域中都是基本相同的。人类的智力原理，虽然由于能力各有不同而有细微的差别，但其对理想标准的追求则始终是一致的"（摩尔根《古代社会》下册，第 556 页，商务印书馆 1985 年版）。如果不借助于人种并行论的理论对史前原始文化和近现代原始部族文化进行联系与比较研究，我们对于许多远古艺术图像的辨认与确定都会是相当困难的。

[56] RICHARD A. DIEHL, The Olmec World, *Olmec Art of Ancient Mexico*, pp.29~33.

[57] 列维·布留尔《原始思维》第 28 页，商务印书馆 1995 年版。

[58] PETER DAVID JORALEMON, In Search of the Olmec Cosmos, Reconstructing the World View of Mexico's First Civilization, *Olmec Art of Ancient Mexico*, pp.51~59. 此外，著名的《拉斯里玛斯》雕像的头饰正中则作倒 V 形，是个例外。

[59] 刘志静、杨静荣《龙与中国文化》称："桃形头，吻部突出，额部具菱形纹，一头双身，身长微曲。"目前仅见一陶残片上有此"龙"，人民出版社 1992 年版。

[60] 另据《山海经·西山经》云："又西六十里曰太华之山……鸟兽莫居，有蛇焉，名曰肥遗，六足四翼，见则天下大旱。"

[61] 蔡季襄《晚周缯书考证》，第 13 页。《山海经·中山经》又云："凡苦山之首……其神皆人面而三首。"

[62] 陆思贤《神话考古》，第 230~232 页，文物出版社。

[63] 彭浩《楚人的纺织与服饰》，第 119~120 页，湖北教育出版社 1995 年版。

[64] 苏健《汉画中的神怪御蛇和龙璧图考》，《中原文物》1985 年第 4 期。

[65] 吴荣曾《战国、汉代的"操蛇神怪"及有关神话迷信的变异》，《文物》1989 年第 10 期。又见吴曾荣《先秦两汉史研究》，中华书局 1995 年版。

[66] 张正明《巫、道、骚与艺术》，《文艺研究》1992 年第 2 期。

[67] 见之于文献和实物中的龙凤，种类素来较多，而且其中亦有某种同源性演化，如凤的形象《说文》"凤"条明确指出："凤之像也，麋前鹿后，蛇颈鱼

尾，龙文龟背，燕颈鸡喙，五色备举"，也是一个多样复合的形象。

[68] 于省吾《甲骨文字释林·释虹》。

[69] 玛格丽特·穆礼著、黄建人译《女巫与巫术》，漓江出版社 1992 年版。

[70] 参见朱狄《原始文化研究》第 292～296 页，三联书店 1988 年版。

[71] H. E. MRS. SUZANNE MUBARAK, *The Treasures of the Egyptian Museum*, p.37.

[72] 马承源主编《中国青铜器》第 326～328 页，上海古籍出版社 1988 年版。

[73] 参见湖南省文物考古研究所《湖南黔阳高庙遗址发掘简报》，《文物》2000 年第 4 期；林河《古傩七千年祭》，《民俗与曲艺》1993 年 3 月号；星灿《吐舌人像的滥觞》，《中国文物报》1998 年 1 月 14 日。

[74] 参见《沣西发掘报告》，118 页，图 76，文物出版社 1962 年版；《甘肃灵台白草坡西周墓》，《考古学报》1977 年第 2 期；《宝鸡竹园沟西周墓地发掘简报》图 16、18，《文物》1983 年第 3 期。关于虎的题材，至迟在中原的仰韶文化中即已出现，如著名的濮阳龙虎蚌塑。良渚玉器上神人"图之神"，据考证亦为"虎"。虎在中国史前是多见的艺术题材之一，1993 年在松溪口遗址发现了虎形蚌壳拼图，时间为距今约 7000 年前。凌家滩墓地发现的玉双虎首璜，还被俞伟超视作后世"虎符"的例证。良渚玉器上的神人也被一些学者视为人虎结合纹样。至于商代石磬上有伏虎装饰、司母戊大鼎之耳上有双虎纹饰、大洋洲鼎耳上有立虎或卧虎、三星堆有虎形器、周有虎纽镦于、春秋战国壶和尊类器上有两侧对称的且作立体三维的兽雕，也是亦龙亦虎。总之，虎是中国古代甚为流行的艺术题材之一。

[75] 学界认为，这种陕西等西北地区商周与巴蜀铜兵戈剑等同以虎首吐舌神为饰的现象，可能反映出两地青铜文化的某种渊源关系。参见卢连成等《宝鸡茹家庄、竹园沟墓地出土兵器的初步研究——兼论蜀式兵器的渊源和发展》，《考古与文物》1983 年第 5 期。另据研究，周族的图腾或云有龙、鸟、龟、麒麟、大熊、天鼋、"稠"、虎多种，争议颇大，但虎为其一，或也说明西北与虎的关系。

[76] 王政《楚巫文化中的审美意识》，《学术月刊》1998 年第 10 期。

[77] 李零《楚帛书与"式"图》，《江汉考古》1991 年第 1 期。

[78] 古代还有在此基础上发展起来的三十六禽。实物有现存上海博物馆的六朝铜制六壬式盘，其地盘上就列有三十六禽。文献上讲三十六禽者多出在唐代以后（见《演禽通纂》提要）。随着考古发现的增多，知三十六禽产生年代至迟也早至战国末年。

[79] 李学勤《干支纪年和十二生肖起源新证》，文载《失落的文明》。李零也主要
以战国和秦所发现简牍为据，论述早期十二生肖，认为战国末年和秦代的十
二生肖与后世多与年相配不同，是用来配日的，"即与记日干支的十二支相
配，用以标志生日，和取名直接有关"，并未深入探讨其与楚帛书十二神形
象的关系。参见《中国方术考》第204～217页。

[80] 云梦睡虎地秦墓编写组《云梦睡虎地秦墓》，文物出版社1981年版。睡虎地
秦简《日书》甲种就讲到：子，鼠也……（827背）丑，牛也……（826背）
寅，虎也……（825背）卯，兔也……（824背）辰［龙也］……（823背）
巳，虫也……（822背）午，鹿也……（821背）未，马也……（820背）
申，环（猿）也……（819背）酉，水（隹）也……（818背）戌，老羊也
……（817背）亥，豕也……（816背）。秦简《日书》中属相还可按复杂的
冲破关系互相换位，如以鹿代马等，可见古代禽星相配也是相对灵活的。

[81] 据《古微书》卷九引《春秋运头枢》云："枢星散为麟为虎为象又为云母，
玑星散为雉为鸱为鹞为鸶鹭，玉衡星散为鸡为鸥为兔为鼠……摇光星散为象
为麋为鸟为雀为燕为鹊为鹰为龟双为人参为鹿。"据《五行大义》卷五《论
三十六禽》云："枢星散为龙马，旋星散为虎，机星散为狗，权星散为蛇，
玉衡散为鸡兔鼠，开阳散为羊牛，摇光散为猴猿"，并最后总结道："此皆上
应天星，下属年命也。"（见知不足斋丛书卷26）二说虽不尽相同，但都讲
到天之星象变化与地上某种禽兽（甚至不乏植物）的对应关系。

[82] 《隋书·地理志》，中华书局标点本，第898页。

[83] 安德烈斯·洛梅尔（Andres Lommel）在研究萨满信仰时指出，萨满信仰绝大
多数产生于狩猎部族之中。（它）基于狩猎时代人与狩猎动物之间的那种特
殊关系。那就是对狩猎动物的死亡所产生的一种赎罪心理以及情感上的怅然
若失的状态。因为狩猎者相信，他们的食物是由那些动物，即活的灵魂做成
的，必须对狩猎动物赋予特殊的态度才能使自己获得一种心理上的平衡，萨
满信仰即由此应运而生。"萨满是种最早企图去把肉体和灵魂加以区分、以
完成一种精神能力的信仰"。因此，旧石器时代所画的动物是种精神动物而
并非在重现现实中的动物。对于萨满信仰以及它的情感倾向来说，主要表现
在对于灵魂不死所引起的一系列信仰上，而表现在对动物亡灵的哀悼上的萨
满倾向又首先表现在对人的亡灵的哀悼上。参见朱狄《原始文化研究》第
332～347页。

[84] 吴小强《论秦人宗教思维特征——云梦秦简〈日书〉的宗教学研究》，《江汉
考古》1992年第1期。

[85] 张光直《古代墓葬的魂魄观念》，《中国文物报》1990 年 6 月 28 日。

[86] 有关天象图，在汉墓壁画、画像石中多有表现，尤其是在素重谶纬迷信的南阳东汉画像石墓中，存在大量的天象图，它们可能为当时的占星图，但也是饰于墓顶以象征天界的。参见韩连武《星图探微》，《汉代画像石研究》，文物出版社 1987 年版。

[87] 富育光《萨满教与神话》第 271~272，辽宁大学出版社 1990 年版。

[88] 同 [87]。

[89] 乌丙安曾讲到，在北方民族有形影魂信仰的存在。他们认为，形影魂的表现对于人来说是指他的身影，是人在日月灯火等光下的阴影，水中倒影，镜中影像及现代摄影人像等，人如失去影必死，人像淡薄模糊必病，禁忌频繁照镜和自视静水中的倒影，否则很容易失魂。详见乌丙安《中国民间信仰》第 279 页，上海人民出版社 1996 年版；詹乔·弗雷泽《金枝》第二节"灵魂离体与招魂"也论及影像问题，并称"灵魂是人的影子和映像"。

[90] 萧兵《引魂之舟——楚帛画新解》，《湖南考古辑刊》第 2 集，1983 年版。

[91] 湖南省博物馆《新发现的战国楚墓帛画》，《文物》1973 年第 7 期。

[92] 《长沙楚墓帛画·说明》，文物出版社 1973 年版。

[93] 参见萧兵《引魂之舟——战国楚〈帛画〉与〈楚辞〉神话》，《楚辞与神话》第 13~45 页。

[94] 胡春洞《玛雅文化》，第 131 页，上海复旦大学出版社 1997 年版。

[95] 参见宋兆麟《巫与民间信仰》，第 183 页。

[96] 《洛阳西汉卜千秋壁画墓发掘简报》，《文物》1977 年第 6 期。

[97] 孙作云《长沙马王堆一号墓出土画幡考释》，《考古》1973 年第 1 期。

[98] 如平山中山王墓《兆域图》、马王堆三幅古地图和帛书《阴阳五行》、《禹藏图》等，都以上南下北为正，天水放马滩战国晚期秦墓出土木板地图则是以上北下南为正的（参见何双全《天水放马滩秦墓出土地图初探》，《文物》1989 年第 2 期），不少典籍如《管子》的"玄宫"和"玄宫图"、《山海经》的各篇、《淮南子》的"天文"、"地形"、"时则"三篇则兼采两种方向。根据这种情况，李零认为古代似乎上北下南主要是天文、时令所用，上南下北主要是地形所用，二者都有很早的来源，只是后来才合而为一（参见李零《"式"与中国古代的宇宙模式》）。

[99] 闻一多《神仙考》，《闻一多全集》第一集，第 153~180 页，三联书店 1982 年版。

[100] 闻一多在其《神仙考》注 [14] 中称昆仑山即今天山。　又据《汉书·武帝

纪》："天汉二年与右贤王战于天山。"颜注"即祈连山也，匈奴谓天为祈连，今鲜卑语尚然。"萧兵《昆仑祈连说补证》（《西北史地》1985 年第 2 期），也认为昆仑最可能的原型是所谓"酒泉南山"的祈连。此外，古籍中也有将西北多处山峰指认为昆仑的，如《山海经·海内西经》郭注"海内昆仑"时言："言海内者，明海外复有昆仑山。"由此天山、祈连、昆仑皆可视为昆仑山。中外原始民族对高山素有崇拜，我国西部又独有高亢之地形，故昆仑也可是古人对整个西部地形之认识，本就不限于一独立之高山或山脉。不过，笔者依据神人"食玉"，而古今昆仑都以产玉而闻名的情况，认为三代乃至先秦昆仑与今新疆与西藏分界之昆仑可能有着更为密切的关联。从考古资料看，殷墟所出玉器主体已为和阗玉，甚至远至新石器时代晚期属于良渚文化的福泉山玉器，也有专家指认其中有来自和阗的玉材，可见东部地区很早就从玉材方面认识了昆仑山，故有早于丝绸之路之前先民就开辟了"玉石之路"的观点，而玉为神享用观念东部与西部皆同，足见产玉之昆仑与神之关系。

[101] 顾颉刚《〈庄子〉和〈楚辞〉中昆仑和蓬莱两个神话系统的融合》，《中华文史论丛》第 2 辑，1979 年。

[102] 黄宏信《楚帛画琐考》，《江汉考古》1991 年第 2 期。

[103] 萧兵《楚辞与神话》，第 44 页。

[104] 汤炳正等《楚辞今注》，第 222 页。

[105] 《易系辞上传》云："精气为物，游魂为变。"韩康伯《注》曰："游魂，言其游散也。"《白虎通德论·情性篇》曰："魂犹伝伝也，行不休于外也。"闻一多《神仙考》谓："仙人登遐，本是从灵魂上天而游行不休产生的观念，所以仙人飞升后最主要的活动是周流游览。"屈原的神游也以周流不息为特征。

[106] 参见《礼记·丧大记》"复"条。

[107] 周耘《跳丧鼓》，《东南文化》1994 年第 3 期。

[108] 宋公文、张君《楚国风俗志》，第 423～424 页。

[109] 此外，楚墓木棺往往有门窗设计，尤其是战国中期以后，有门窗结构的楚墓数量急剧增多。这种门窗设计，从道理讲与半坡瓮棺葬上人为小孔相同，也是供灵魂自由出入的。正如王立华所言："楚人将门窗结构移植于墓葬椁室中，其用途也是供死者的灵魂在冥冥之中自由出入椁室中的各个部分。"参见王立华《试论楚墓木椁中的门窗结构及反映的问题》，《楚文化研究论集》第三集。

［110］同［108］，第 424～425 页。

［111］郭德维《楚墓出土虎座飞鸟初释》，《江汉论坛》1980 年第 5 期。

［112］同［10］，第 199 页。

［113］同［66］，《文艺研究》1992 年第 2 期。

［114］彭浩《"镇墓兽"新解》，《江汉考古》1988 年第 2 期。此外，在楚青铜器上也有大量龙纹装饰，论者将其分为十一类，并就其纹饰演变进行研究。因为这些青铜器也多为随葬品，其装饰龙纹或亦与引魂等思想有关。参见刘彬徽《楚系青铜器研究》，第 250～272、274～278 页，湖北教育出版社1995 年版。

［115］同［108］，第 425 页。

［116］饶宗颐《澄心论萃》第 274 页。

［117］金维诺《从楚墓帛画看早期肖像画的发展》，《美术》1977 年第 5 期。

［118］汤池《绘影图形的楚墓帛画》，《文史知识》1983 年第 2 期。

五 马王堆汉墓帛画（上）

（一）T形帛画的神话学研究

神话是人类史前社会的综合意识形态，是古代先民理解与解释世界及其现实生活并借助想像和幻想把自然力拟人化的产物，也是人类情感的意象表现。进入文明社会后，这种综合意识形态和意象表现走向分化，并以原始或非原始神话的形式继续存在于宗教、文学、民俗等各种具体的社会意识形态之中。楚汉帛画无论从其使用功能还是绘画内涵上看，都可谓是当时信仰的典范之一，尤其是马王堆汉墓非衣，整幅都充溢着上古天地神话物象。它们不仅为研究者提供了大量微观的神话形象，更成为理解先秦、两汉时期人们世界观和宇宙思维模式的重要参考。数十年来，神话学家、历史学家和思想史家，对马王堆帛画中的天地神话形象与内涵进行了系统全面的梳理，并在此基础上，将探索引向意识形态的深层领域。

1. 居地与升天

马王堆帛画如前所述，内容充满天地神话，但应该指出的是，这神话并不是帛画绘制的主题，而只是为帛画墓主提供的"居地"、升天的宇宙空间。因此我们在讨论帛画神话前，需要先对帛画主题内容进行简略的分析与推断。

马王堆1号墓帛画的结构，实际上可分为天界和地界两大部分，二者以双龙交璧为界（图一三）。换言之，即天地交会于璧。但按照古代宇宙间多层世界的划分和这里的内容安排，帛画至少又可分为四个层面，即顶部的天府、底部的水府、水府之上的阴间和阴间之上的人间。从内容看，上部分应是墓主升天图，下部分当为招魂复魄图，二者合一表现在宇宙空间中，人由死至复生的过程。由此便将此前楚地帛画招魂入魄、引魂升天的主题更形象地展现出来了。

首先看"居地"。按照前述的讨论，这是灵魂升天的第一步，即为解决"骨肉归复于土，若魂气则无之也"的问题（《礼记·檀弓下》），而先使死者没有归宿、到处游荡的灵魂附归体魄，让魄体入土为安。在帛画上，魄归地界包括了自双龙穿璧至于下部的全部画面，而不是通常人们以巨人托举的"白板"作为地府之界。前面曾经论及，龙在早期曾代表地，凤鸟则代表天，但从《楚辞》、《山海经》中天神多乘龙、驭龙的记载看，至迟到春秋、战国时期，龙已经是可腾空翔天的灵物了，由此成为我国古代唯一可潜于渊、飞于天的神物。帛画以双龙穿璧为中心，龙首昂扬于天，龙尾垂揽于地，正是人们赋予龙上天入地神性的形象写照。这里以双龙连接地府与天界部分，大体旨在表明双龙乃引魂由地升天之物。

在地界中，由圆璧向下垂悬的五彩羽纷披左右，仿佛两屏巨大的彩幔将地府与天界分开（图一四）。戴璧垂羽之类图像，或许是对周代棺罩垂饰的一种"移植"，当然也是丧饰的一种标志。不过绘于此处，恐怕还意在为阴间招魂营造一个特殊空间，帛画招魂复魄仪式就是在这看似屋顶的玉磬下举行的。

这组绘画大体包括以下单元：上有白色桌案，置小鼎、壶和叠置的漆耳杯，案下另有一低矮案桌，上放半圆形物，以之

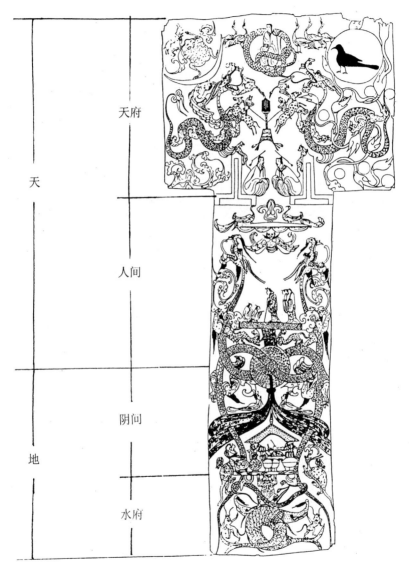

图一三　马王堆1号墓T形帛画结构与内容划分图

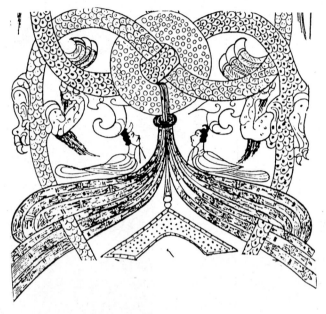

图一四　马王堆1号墓T形帛画璧、璜、彩缦

为中心左三人、右三人相对而坐。画面前景是大小不等的三列鼎和二列壶及一站立侍者。七人皆为男性，头戴鹊尾冠（图一五）。对于这组图绘，《长沙马王堆一号汉墓发掘简报》称之为"宴飨"，《西汉帛画》称之为"准备开筵"，皆因画面中多饮食器而来。洪兴祖《补注》则从王逸注，认为这些当是"馔设甘美招魂工具"，就像是等候死者灵魂归来的待食场面。有的学者觉察到此画面正中有一彩色矮床，指出上面所停应为轪侯夫人之尸。换言之，这幅画面表现了躺在灵堂中的轪侯夫人就像《礼记》所说的那样"在床曰尸"，画中所有的食具食物当是为墓主的灵魂而备。两龙尾外端奋力上爬的鸱龟口衔灵草

图一五　马王堆1号墓Ｔ形帛画合魂魄图

而来，也当是为亡灵献食。尤其是左侧灵龟已爬至案台，前肢
搭于彩壶上，作献食之态，而其所献的灵草正是灵魂不死之
"良药"。以往学者分析此段画面，常以裸人所擎白色平台作为
地府与人间的分界，又将灵龟归于水物，从而割断了平台上下
绘画的关系。其实艺匠绘制这幅生动的灵龟献食画面，正表明
二者是一个有机整体。

　　此外，需要补充说明的是，这段画面的彩羽上端还伏有戴
冠人面鸟一对。孙作云、萧兵、郭学仁等均视之为羽人、表墓
主灵魂升天之意。彭景元视之为比翼鸟（《海外南经》），商承
祚、韩自强等视之为勾芒。勾芒人面、鸟身、着素服，为东方
天帝太昊之佐，这与帛画上的形象颇为相合。其主要职司是管
理春天，故勾芒为吉祥的春神，象征着生命，又有"赐寿予
人"的传说，这些与帛画要表现的不死主题相符合。

　　当然，我们也认为整体的地界可能以象征大地的白板为

图一六　马王堆 1 号墓 T 形帛画水府神物图

界，划分为两个部分，上部称阴间，图画旨在合魂魄；下部是
水府，主要表现地下世界。这样划分既有先秦、两汉人们对
天、地、水等宇宙结构的认识基础[1]，也更符合"白板"以
下绘画内容和我国有关地下水府的神话传说（图一六）。这一
部分绘画中最为醒目的形象是双臂擎举"大地"的裸体巨人，
因为脚踏双鱼、胯下有蛇，一般均认为即水神或海神。当然也
不能否认某种早期艺术造型或符号可能会有的文化含义和功能
的多维特点[2]。

在水府中除起支撑擎举功用的怪神和鲸鲵外，最醒目的形
象之一就是赤蛇。它首尾横向勾揽两龙尾，穿裸人胯下，头颈
又折回直对裸人，且张口瞠目，颈系飘带，通身赤红，是艺匠
着意描绘的形象。但多数论者对此未过多关注，或以土伯之护
卫、或以禹强海神之腰饰等解释，唯孙作云指出蛇为先秦、汉
代护送人们升仙的神物。的确，早在先秦就有"飞龙乘云，腾蛇

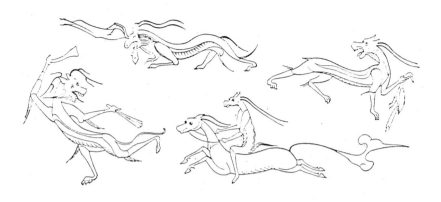

图一七　马王堆 1 号墓黑漆棺绘上的羊形怪

游雾"（《韩非子·难势》）、"螣蛇无足而飞"（《荀子·劝学》）之说，汉初《淮南子·览冥训》也称女娲遨游太空是"前白螭，后奔蛇，浮游消摇，道鬼神，登九天"。《楚辞·九怀·通路》说：上天时"螣蛇兮后从，飞驱断兮步旁"。《九怀·株昭》云："乘虹骖蜺兮，载云变化，鹔鹏开路兮，后属青蛇。"《说苑·杂言篇》曰："螣蛇游于雾露，乘于风雨而行，非千里不止。"[3]总之，蛇都有腾云驾雾之神力，因此孙氏以为："画幡上的蛇是保卫死者上天"[4]。同样，在二鱼尾处有左右相向、挥爪扭臀的羊角怪兽，与 1 号墓黑地彩绘棺的怪兽略有相像（图一七）。对于这只怪兽，释者不多，除作"小方相氏"、"土神方良"外，或分别为胁迫"大力神"和慑服鲸鲵而设置。笔者以为亦可为阴府之象征。马王堆非衣水府图物象的丰富生动，实可谓是先秦冥府神话的形象写照。

升天这一部分图像初被释为人物肖像画、墓主人出行图或生活图等，唯孙作云继其主张《人物龙凤图》为引魂升天图之

图一八　马王堆1号墓T形帛画龙璧上至天门处

说后，又提出马王堆龙璧以上至帷幕段是"画死者升仙图"的
论点[5]，对马王堆帛画研究影响甚为深远（图一八）。根据孙
氏的分析，老妪身着云气纹彩衣，在天帝派遣的两位使者逢迎
下，踏上通天路[6]。从画面情况看，墓主已到达上天的第一
步，但停留在天门之外，所以天帝特遣两位使者下来迎接[7]。
其后，萧兵在赞同孙氏所论"通天路"的同时，提出方砖代表
"方地"，其上回纹装饰状如棋局，与盖天说中的"地方如棋
局"恰好相合。墓主上方的圆形华盖则实为大圜之天的模拟。

在帛画中，华盖即为天的象征应该是肯定无疑的。

　　帛画以龙璧作为天地、阴阳的分界，同时也作为天地交合的中心。首先龙璧以上二顾首花豹，与天府门阙上的花豹造型相类，应同为天界神灵。砂子塘羽人骑豹也说明豹的这一属性。其次，双豹所拱卫的"天路"上的菱形平台两端作云纹，与地下裸人所承"白板"两端没有云纹形成鲜明比照，表明此平台位居天空。再次，高昂的龙首及其下两侧彩云翻卷，与龙璧下之龙体两侧全无卷云形成区别，也表现出双龙上部腾云驾雾之势。人物上方的两龙首间留有大片空白，这在全幅帛画中是仅见的现象，表现了天上空旷辽阔的特性。最后，从战国魂幡性质发展而来的马王堆帛画，显而易见仍属死者丧葬用物。它以服务丧葬为目的，并无表现死者人间生活的需要，故帛画两组人物皆非表现墓主生活的场景。在马王堆汉墓中，死者的人间生活更多是通过墓葬营建和随葬品规模反映出来的。

　　确定龙璧以上为天界环境后，再来看一下墓主灵魂的升天之"路"，应该说这一段画面是全部帛画中绘画单元最少、主题最突出分明的部分。在菱形纹白色平台上仅绘出六人，且组合有致，职司分明。一般认为站立人物皆作静止状，但据她们略微前倾的头、躯看，确切地说应是步行的瞬间静止状态，尤其是正中老妪，手杖呈微妙的倾斜式，指示着静立者的行进方向。可以说，这是墓主灵魂缓步升天的形象写照。如果《人物龙凤图》是以龙凤为导引、《人物御龙图》是以龙为骑升天的话，这里的轪侯夫人则是走上两龙架起的"空中之桥"升天的。

　　华盖天幕下作正面飞翔的鸟。按照发掘者的阐释，怪物"头似兽有耳，身有长毛，或疑其为神禽飞廉"[8]。但文献所载，飞廉最大特征是"身似鹿"，与这里的鸟形相去甚远。有的学者提出为鸱鸮似可信。从形象看，其双翼、双爪、喙前伸，目圆睁，为飞鸟形无疑，且尤具鸱鸮特征。鸱鸮，楚人称鸱，是猛禽中的夜禽。在楚地，鸱鸮是迎接亡灵之神鸟，也即招魂鸟[9]。帛画上的鸱或即有招魂之意，或象征灵魂所登天府乃幽都之天府，所以刘敦愿说："帛画中部所描绘的情景貌似阳世，实际上却是阴间生活的写照"[10]。

马王堆 3 号墓中出土了一幅非衣帛画，内容上也以龙璧为中心，分天上、地下两大部分。其中下部又有阴间和水府之分，上部又有天府和人间之分，但在面积上天府部分所占更多（图一九）。天门并非设在 T 形的横、竖接合处，而是设在 T 形之"纵"部。因此，仅天府部分就占了帛画全部面积的近二分之一。这种天门开于 T 形纵幅的做法，可能更能体现人们对天府广阔无际却门禁森严的朴素认识，但结构安排不如 1 号墓非衣整饬严密。帛画主体不居视域中心，艺术效果也就相对削弱了。

不过，与 1 号墓非衣不同，这里的天上与地下以四龙穿璧为间隔。换言之，天地间和万物都被包括在它们相交的界域之内。龙璧之下的地下部分仍以璧翠为幕，但两彩羽上不出现人首鸟身像，所悬谷磬的珠瑀流苏飘饰略与砂子塘外棺漆画相类。磬下一组画面共有八人，四人一列，左右分置，皆为女子，与 1 号墓非衣的三对男子相异。画中所陈之物"前有四钟，右侧有四鼎，左侧物似盒，边缘两端各设两酒樽"。但经仔细辨识，唯一清晰的是画面正中的四列壶（或称酒樽），说明其为招魂食具。右侧地面上置"长筒形"物，上覆彩绢，左侧四女子前平置于四脚案上一"长椭圆形"包裹物，很显然这

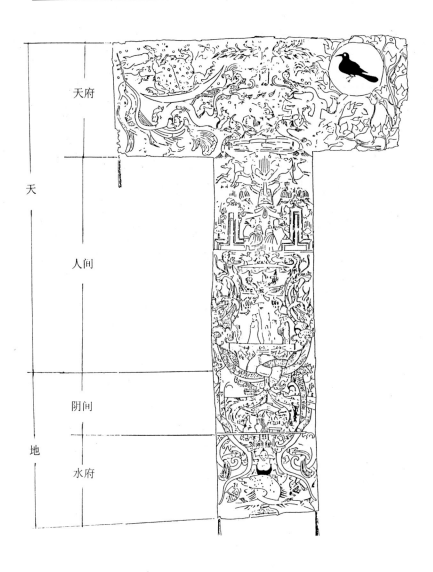

图一九　马王堆3号墓T形帛画结构与内容划分图

图二〇　马王堆3号墓T形帛画合魂魄图

与1号墓非衣正中之物相同，应是死者。这一部分图像又全绘
于一长条形平台上，从而使之成为一个相对独立的绘画单元
（图二〇）。

地界部分的平台以下属水府情景，正中裸体力士双臂抓住
龙爪，蹲坐于鲸鱼身上，双鱼两侧又有背负物品的两龟，与1
号墓非衣所绘多大同小异。唯鲸鱼下有一白色盛器，上用墨线
勾勒成云纹。两侧各有一手执枹作敲打状的图像为1号墓非衣
所无。

升天部分的二豹守护"天桥"等与1号墓非衣也略同。主
要的特点：一是两侧共有四龙首，上下相连，使这部分画面显
得壅塞；二是升天主人公与墓主身份、年龄吻合，头戴刘氏
冠，身穿绛袍，腰间佩剑，袖手缓行。其前有迎逢的天帝使者

三人，后有持伞、执剑少年男女各一，另有侍女四人相送，由此组成一升天行列。

最后应该说明的是，这幅帛画除龙、人的数量多于1号墓非衣外，间隙处还多仿汉代宫室装饰，填以羽葆、珠瑀流苏、三角形垂羽饰等，间或再绘以凤鸟、云纹。

以往对于马王堆非衣帛画的主题研究，多以龙璧上下的两组人物画为据，但所得结论却为迥然不同的两种。一种认为主题为引魂升天，其中下图为死者生前宴饮图，上图为死者灵魂升天图。另一种认为主题为招魂复魄，其中上组图为死者肖像，下组图为招魂祭祀。我们结合对先秦、两汉魂魄观的研究和对绘画图像的分析认为，马王堆1号墓帛画主题如楚帛画一样，是先招魂复魄，再引魂升天，但它远较楚帛画表现的这一主题丰富而完备。不过，汉初的人们显然更注重升天，故全部地界描绘仅为帛画画幅的三分之一，另三分之二皆为天界情景，其中三分之一为升天画面，三分之一为浩瀚的天府景象，而这天府正是死者灵魂理想的归宿之地。

2. 天府神话

马王堆1号墓非衣天府图景，占T形整个横幅画面。景域异常宽广，除天神高踞、日月辉映、双龙腾舞外，还有不少人物、动物活动其间，使得天府充满生机与活力。

天门与天庭。在帛画纵横幅交界处，左右各绘一倒T形垛柱，柱头作三角体，上伏矫首花豹，中间形成门阙，为天门。两侧头戴似冕而无旒之"爵弁"、着青衣、拱手对侍的两人则是司天门之"阍"了（图二一）。其身前倾，合手躬侍，面部表情和悦。

以天门为中轴向上延伸，为两骑兽神怪牵拉钟铎、双雁和

图二一　马王堆１号墓 Ｔ 形帛画天府门阙与门阊

人首蛇身像，人像左右上方另有五只鸿雁。整组画面构成了全部天府图景的中轴线（图二二）。铎大体是悬于天府前庭的，两兽首人身怪兽骑于左右相向腾跃的坐骑上，拉细绳作振铎之态。

振铎很有可能与帛画地下部分的谷磬遥相呼应，共同表示为丧之物，升天之音。铎顶部有芒须状物，下有饰三角彩纹的倒梯形物和珠瑀串饰，一般都将这一部分视为悬铎物。

天府中的天神像是学者们研究最费笔墨之处，观念歧异也最大，大体有镇墓神说、伏羲说、女娲说、烛龙说、太一说等等。现就较流行的几说简述如下：

伏羲说。正中顶端的神像居整个天府的最主要位置，可谓天府之至尊、主宰。因为作人身蛇尾造型，很容易使人想起传说中的伏羲、女娲像等，但伏羲、女娲往往成对出现，这里却仅一躯。观神像特点，人首，人身，垂发无冠，面部清秀，似为女性，披蓝袍，袍式与门阊及升龙翼上的女子类同。蛇尾从

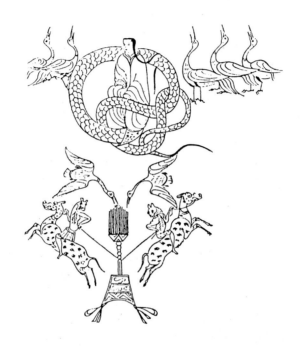

图二二　马王堆1号墓T形帛画天府中轴图像

端踞的臀尾处伸出，盘绕身体一周。

　　将此像释为伏羲的有商承祚、孙作云、钟敬文等。依据之一是东汉以降不少文献明言伏羲有"人首蛇身"的形象特点[11]。依据之二是出现于汉代及以后的壁画、石刻乃至绢画中的伏羲像即作人首蛇身（或鳞身）造型，且不乏单身形象。依据之三是钟敬文阐述的伏羲与太阳、月亮的密切关系。帛画天府图左月右日，神人居中，这与考古资料中自西汉以后墓葬中的伏羲、女娲图多为执规矩造型，或多伴日月图相吻合，表明二者之间的密切关系。尤其是伏羲在《乾坤凿度》里有"立四正"之功绩，即"定气"、"日月出没"、"阴阳交争"和"天地德正"。据此，"当时（西汉末）有伏羲调理太阳和月亮的传说"[12]。帛画将伏羲置于日月之间的中心位置，正可说明这一点。《楚帛书》乙篇也指出，是"雹戏"将渔猎时代尚处"梦梦墨墨"的天体调理得日月四时分明的，可见早在战国时期人们就已明确了伏羲与天象的关系。在战国时期的文献中，伏羲也被尊为"三皇"之首。由此可知，至迟在战国时期伏羲在人们心目中就已是至高无上的神君了。综上所述，伏羲说似乎是很有说服力的。

女娲说。论述伏羲时我们已经感到，无论文献还是考古实物，与伏羲同形的女娲往往与之相伴，而且由于子弹库楚帛书中已记载了二人的相偕关系，并论及他们对日月四时的形成同有奠基之功和女娲为帝皇之传说，所以上述将帛画正中神像视为伏羲的理由，同样适用于女娲。至于女娲单独出现，始于《天问》"女娲有体，孰制匠之"，讲女娲造人故事。这一点似仍可与楚帛书讲伏羲、女娲为婚生四子有关联。又《山海经·大荒西经》郭注："女娲，古神女而帝者。"萧兵认为："女娲是较伏羲更为古老的母系氏族社会的大女神。"他指出，帛画中神像为长发，又面目清秀，故"实应即女娲"[13]。日本学者林巳奈夫、曾布川宽等也均倡此说[14]。在分析神像为女娲时，我国学者还往往结合帛画为南方地域文化特征这一点，指出女娲的最早记载见于南方文献《天问》、《山海经》等，而《易》中所见的伏羲记录乃为经儒家思想加工过的"至圣"形象，不像南方保留了较早期原始神话传说的面貌。女娲的人首蛇身造型，既创迄今美术史上发现的最早天帝造型之制，也是荆楚作为黄帝龙族苗裔和"南蛮蛇种"形象表现的例证之一[15]。不过，至迟在战国时期伏羲、女娲已有并称之势，要想对帛画人首蛇尾像做出伏羲或女娲的决断似颇为困难。

羲和说。我国有关日月诞生神话多见于《山海经》，《楚帛书》、《书·尧典》、《史记·天官书》等书中也大多记有羲仲、羲叔、和仲、和叔，即所谓羲和四子职掌天地四时之事。羲和既然与天地、日月有如此密切关系，在帛画中自然可居日月之中的重要位置。周士琦在其《马王堆汉墓帛画日月神话起源考》一文中指出，尽管没有羲和人首蛇身的记载，但帛画"扶桑上之日和为日驾车之龙，都与日神羲和有密切的关系，帛画上有关太阳的部分组成一有机整体，所以还是把人首蛇身的神解释为日神羲和较妥"[16]。

烛龙说。对其记述见诸于《山海经·大荒北经》、《淮南子·地形训》等书中。其特征如下：第一，人面蛇身（或龙身）而赤，这与帛画正中神像相符；第二，尽管所居之地有章尾山、钟山、雁门北委羽山等，但在《山海经》中，地理位置都属北方，这与帛画神人居北方正中相符（马王堆汉墓以北为首，帛画顺棺向而置，方向也以北为首）；第三，烛龙仿佛天上主宰，能左右昼夜、四季和风雨，这与帛画烛龙身处左月右日之天境相符；第四，烛龙不见天日，所照者为太阴之地，故又名"烛阴"，这便是《天问》"日安不到，烛龙何照"的答案，即烛龙乃为太阳照射不到的幽都之"烛"，或谓照耀昆仑天门之"珠"。它不饮、不食、不息，故绘于为亡者阴间丧葬之物的帛画上。换言之，帛画所描绘的是墓主阴间生活中的天府世界，烛龙就是这阴间天府的主宰。它居于北极之阴，这与三代以降皆视北方为幽、为阴，死者要"葬于北方北首"（《礼记·檀弓下》) 以归幽都又恰相符合，故主张神人为"烛龙说"的不乏其人。因为相信天神即烛龙，烛龙又北居，故烛龙周边的禽鸟也被指认为北雁，能为生者带来居于北方幽都的死者消息[17]。或有认为是鹤，表烛龙所居北方之"天白颢颢，寒凝凝只"（《大招》中对北方寒冷气候的形容）[18]，或认为以鹤象征天府的长生不死和作为死者升天的骑乘，飞鸟表示幽都和不死的意义[19]。

太一说。倡导此说的是郭学仁、刘晓路等。郭氏在《马王堆一号汉墓帛画内容新探》一文的"天国景象"中曾简要阐述这一观点，刘氏在其论著中又略详述及。

"太一"作为天神的最早发展，可追溯至战国时期的楚国，在迄今唯一完整保存了中国古代宇宙神祇谱系的《楚辞·九歌》中[20]。"东皇太一"赫然列于开篇，王逸解释为"太一"配"东皇"。汤炳正认为太一祭在东郊，故曰东皇；《吴越春秋·勾践阴谋外传》也讲越王"立东郊以祭阳，名曰东皇公"。朱天顺把"东皇太一"合解为日神[21]。张正明也认为："太乙兴起，使日神炎帝为之避席，《九歌》称太乙为'东皇'，称日神为'东君'，用词恰如其分"[22]。可见"东皇"神位高于东君，故而东皇太一是全天最尊的"上皇"，居于北辰紫宫，应是北极神。有的学者认为《九歌》中的'东皇太一'，中原及楚国均无与之类似的神灵……它似乎是与'东皇公'有一定渊源的神。从沅、湘间有'东山公'神话来看，它应是属于南方神系沅湘支系的天神，换言之，太一乃南楚之天神"[23]。

若将人首蛇身像视为"太一"，它周围的仙鹤及其组合便可获得一个全新的解释，即七只仙鹤代表北斗七星。它们布置于太一左右和下面，象征太一之帝"车"。再从太一居中、左月右日的帛画天府布局看，似乎也能说明这一问题。如上所述，"万物所出造于太一，化于阴阳"（《吕氏春秋·大乐》），太阳属阳，月亮属阴，故日月即可谓阴阳的象征。帛画天府正中绘太一、左右分绘日月，恰好反映了它们之间的本源和密切关系。这一组合的发展，大体就是汉画像石中常见的太一拥阴抱阳题材。不过，日月物象多为人首蛇身的伏羲和女娲替代而已。

当然，直接表述人首蛇身是太一像的文献迄今还未见，但若干汉画图像却可给我们以启发。在沂南汉画像石墓墓门右侧上部曾雕刻有人首蛇身伏羲女娲像（伏羲头饰鸟，女娲头饰兔，显然代表日月），正中有一头戴锥形冠、面部浑圆的半身人像，据刘弘考证即为太一神[24]。山东滕州汉画馆藏汉画像石上，有人身蛇尾相向而踞的戴冠男女像，正中有戴山形冠的巨大人头像，尾部亦如蛇状，交缠于二蛇尾间，从题材看可能为太一拥阴抱阳图。该馆另一块汉画像石也为人身蛇尾男女对坐，中间却为一头生双角、人首兽爪、独尾的形象，或也为太一。

这些都是我们的推测，真正可以确知的太一形象是马王堆3号墓所出帛画《太一避兵图》，太一除头上生角外，基本作面部和身体赤红的人形，胯下有龙荷日。到南阳汉画像石上发现的太一神，已是端坐天府正中，头戴山形冠的人形神了。另有学者以为，汉代人首蛇身而负日的羲和与太一胯下有龙、龙首负日的形象颇有关联[25]。

以上论述了对帛画人首蛇身像的五种不同观点，其中烛龙说为许多学者所认同。从典籍看，烛龙的文字形象描述颇多，其中"人面蛇身而赤"、"身长千里"等与帛画神像尽符，是指

图二三 马王堆 1 号墓 T 形帛画天府
扶桑、九日、升龙

认帛画人首蛇身像即烛龙的有力证据之一。"其瞑乃晦，其视乃明"似乎与日月的绘画又有某种关系。其居于北方、烛照九阴，又仿佛即为冥间的主宰。杨向奎、闻一多等考证烛龙乃祝融[26]，又使烛龙与楚祖先神联系起来，为作为楚地文化内涵之一的帛画以烛龙为主尊增加了说服力。而从太一主日、月、阴阳、造化万物和南楚天神的终极地位论，帛画主神的太一说也愈来愈为学界所重视。

扶桑九日与升龙占据整个帛画天界右方，其中下部升龙与扶桑树相互盘结交织，并有八日错落其间，上部为醒目的红日与阳乌（图二三）。一般认为，这组图像反映的是我国古代的太阳神话。

关于太阳的古代神话，主要有十日说和九日说[27]。《招魂》曰："十日代出，流金铄石些。"王逸注："代，更……言东方有扶桑之木，十日并在其上，以次更行。"其已涉及这一东方太阳神话。《山海经·海外东经》曰："汤谷上有扶桑，十日所浴，在黑齿北。居水中，有大木，九日居下枝，一日居上枝。"《庄子·齐物论》云："昔者十日并出，万物皆照。"《淮南子·本经训》曰："尧之时，十日并出，焦禾稼，杀草木，而民无所食……尧乃使羿……上射十日……万民皆喜。"古文献中所说的太阳神话，包括扶桑、十日、乌载、十日并出或代出、羿射九日等内容。帛画所绘共九日，在布局上为一大日居上，八小日居下，或可能与羿射九日有直接关系。

帛画中的阳乌问题。如上所引，阳乌与太阳神似乎是相生相伴的。在先秦文献中载日之鸟明确为乌，后羿所射亦为乌。汉代以降更有"日中有踆乌"、"日中有三足乌"（《艺文类聚》卷一引《五经通义》）之说，且解释为"数起于一，阳成于三，故日中有三足乌"（《古微书》卷七录《春秋元命苞》）。西汉以降的壁画墓、汉画像石等中多见三足乌形象，表明阳乌说起于先秦，但三足乌之说则可能是西汉中后期以后才渐次流行的。帛画阳乌图为同类题材中迄今所见最早的实例，乌作两足，造型也相对写实，显出这一传说更为质朴的特点。

帛画中的扶桑树。从前述记载看，扶桑当有十枝伸出，每枝有太阳一个，其叶形似芥菜。在曾侯乙墓出《后羿射日衣箱图》中，有两组共四株太阳树，皆作挺立直干，枝叶左右伸出，顶端皆悬一日，余垂枝叶处。但两树为十一日，两树为九日，两树顶有人面兽身像一对，两树有鸟一对，又有树下后羿和射落的鸟各一。此类扶桑树在"九日居下枝，一日居上枝"方面与文献记载略同。1969 年，河南济源出土有西汉晚期陶树一株。郭沫若考其为古代传说中的日乌扶桑[28]，其枝叶亦为九出。但文献中还有另一种扶桑，所谓"天下之高者，有扶桑无枝木焉；上至于天，盘蜿而下屈，通三泉"（《齐民要术》

图二四 马王堆1号墓T形帛画天府
月宫、月御、应龙

卷十）。帛画扶桑类此，无垂直主干而曲屈盘绕，但叶端作中间高、两侧低，类同花苞的三出状，与前述颇为相符。

月宫、月御与应龙。帛画天府右方为应龙和月宫所占有，月牙上画着巨大的蟾蜍和玉兔，无疑表现的是古老的月亮故事（图二四）。月亮里有蟾蜍、玉兔的说法由来已久。《天问》曰："夜光何德，死则又育，厥利唯何，而顾菟在腹。"其中的"顾菟"即应为蟾蜍与玉兔[29]。《后汉书·天文志上》刘昭注引张衡《灵宪》云："月者，阴精之宗，积而成兽，象兔……羿请无死之药于西王母，姮娥窃之以奔月……遂托身于月，是为蟾蜍。"马王堆1号墓帛画中月亮作月牙状应为新月，可谓月亮之死[30]。缺月部分绘玉兔与蟾蜍，其中蟾蜍还口衔"灵芝"，又是一种月"生"的表现，是月亮不死的标志[31]。由此"缺月"为死，玉兔、蟾蜍及灵芝象征再生，与阳乌相同，共同阐释着帛画"死"与"不死"的主题。

在月牙之下、飞龙羽翼之上有一女子像，初被解为奔月之嫦娥，但也人认为"既有嫦娥，又有蟾蜍"，与文献中的蟾蜍为嫦娥所化矛盾[32]。王伯敏认为是墓主灵魂，内容是"灵魂升天"[33]。的确，观龙翼女子，不仅为坐姿，且双臂高举，两手触月，作擎举之状，并无入月宫的态势。按照初民以蛙（蟾）为月神象征的推论，帛画绘制之时，蟾蜍即为月神，嫦娥奔月神话尚未产生或尚未在民间流行，故这里没有奔月故事。但女子面貌年轻，所穿并非墓主魂像的彩云纹衣袍，而是与门阙、天神相类的青色袍服，显然皆为天界人物。其一弓一伸旨在用力上蹬的双腿和两手托月之体态，也不应是墓主升天之灵魂所为，故也不大可能为墓主飞升月宫的魂像。相比较之下，作为托月女神的可能性更大。考察文献，至少在屈原时代就已有了月御望舒（又称纤阿）神话，因此，萧兵认为帛画女子实"应是'嫦娥'（或常仪）由变之一的月御望舒或纤阿"，应是月御由月神常仪演变而来，这正像日御羲和是由日神羲和演化来的一样，符合当时人的逻辑思维，而且，既然日御有龙车为驾，月御也当以翼龙为"车"。

迄今对马王堆1号墓T形帛画绘画题材的分析，在认识上远未达到统一。以下表所列几种颇为论者关注的形象为例，即可看出其中的分歧（见表四）。

表四 马王堆1号墓T形帛画天府绘画题材分析表

人首蛇身像	日、树、龙	月下女子与龙	神兽与骑者	七鸟	门阙二侍	门阙飞禽	鸱龟	双鱼与怪兽	裸体力士	帛画名称与内容	参阅资料
伏羲	扶桑十日	嫦娥	风神飞廉与方相氏	仙鹤	阊阖天门与帝阍	鸮	鸮象征死亡，龟为玄武	鲸鲵与小方相氏		画幡、引魂幡，作用在于引导死者灵魂升天	孙作云《长沙马王堆一号汉墓出土画幡考释》,《考古》1973年第1期

续表四

人首蛇身像	日、树、龙	月下女子与龙	神兽与骑者	七鸟	门阙二侍	门阙飞禽	鸱龟	双鱼与怪兽	裸体力士	帛画名称与内容	参阅资料
烛龙	扶桑十日、日车	嫦娥奔月、应龙		鹤与鸿雁	天门、大司命与少司命		"鸱龟曳衔"神话	"鱼妇"神话	载地神祇	铭旌	安志敏《长沙新发现的西汉帛画试探》,《考古》1973年第1期
地母、地府女神或即为烛龙	九阳代烛			群雁鸟耕		鸱鹑	鲧洪水神话			魂幡、整个帛画描写的都是地府情景,神话主题以地母为中心,兼及治水神话	刘敦愿《马王堆西汉帛画中的若干神话问题》,《文史哲》1978年第6期
伏羲		嫦娥奔月	神马名飞黄或乘黄	神鸟	天门守门者			鼍	禺强	非衣。表现蓬莱仙岛故事,企求死者羽化登仙,飞升天国	商志䃍《马王堆一号汉墓"非衣"试释》,《文物》1972年第9期
烛龙,象征北方	十日代出,升龙游海东方	月和跳足嫦娥,为西方象征	鹿蜀狒狒、木铎象征南方	北方南方	天阙与帝阁			土伯护卫	土伯	招魂幡。全画表现向天、地、四方招死者亡魂的内容	韩自强《马王堆汉墓出土帛画与屈原〈招魂〉》,《江淮论坛》1979年第1期
黄帝	阳乌、蟠桃、蟠树	蟾蜍、白鹿、应龙	夸父蚩尤坐骑的魑魅	仙鹤	鬼门关神荼、郁垒	黄鹤或黄鹄		水厌即鳝犬	地仙	全画表现仙岛度索山的迎新场面和死者灵魂升仙之途径	彭景元《马王堆一号汉墓帛画新释》,《江汉考古》1987年第1期

续表四

人首蛇身像	日、树、龙	月下女子与龙	神兽与骑者	七鸟	门阙二侍	门阙飞禽	鸱龟	双鱼与怪兽	裸体力士	帛画名称与内容	参阅资料
太一			天马与神人	帝车	司命		玄武	海神骑乘与巨虚	东海之神勾芒	引魂幡	郭学仁《马王堆一号汉墓帛画内容新探》，《美术研究》1993年第2期
女娲	九日神话	月御望舒			门神	飞廉			鲸	朴父		李建毛《马王堆一号汉墓帛画新解》，《南方文物》1992年第3期
女娲	阳离与九阳若木	月御纤阿应龙白霓婴茀	文马与枭阳也即狒狒	玄鹤	阊阖与天阍		鸱龟曳衔		禺强		萧兵《马王堆帛画与楚辞神话》，《楚辞与研究》，江苏古籍出版社1987年版
傩神或称傩娘	九日神话马桑	托月女神		鸟耕雏雁图		雷神		鳌鱼驮地		飞衣。内容是南方民族神话，反映亡灵回到老祖母住地和有关天、地、人的全部神话故事	林河、杨进飞《马王堆汉墓飞衣帛画与楚辞及南方民族中的神话》，林河《古傩寻综》湖南美术出版社1997年版

　　3号墓非衣天府部分从画面结构讲，与1号墓略同，但若干细部有别。突出特点是天上神人数量较多，除门阍二人外，骑天马、司铎者二，骑鱼侍从天帝者二，左右日月下驭龙者二，多作头戴爵弁、上身袒露的人形。对于正中天帝，原报告称为"一袖手侧身妇女，下身为蛇形"[34]。由于复原、装裱帛画时出现错误，部分天神如二龙驭者、左司铎等形象多仅存头戴的爵弁，身体部分难以辨识。正中天帝上身实应为其左侧驾鱼天神像者，天帝部分则可能并未装裱复位。因为据李建毛提供的信息："在北京故宫博物院取回装裱后余下的马王堆汉墓帛书、画残片中，有一人头像，与画面基本吻合，当就是青衣袍者的上身。"[35]足见装裱错误给研究工作带来种种困难。不过，人首蛇身作为天神像的初型是可以肯定的。

　　3号墓非衣天府图像的特点之二是，天体宽大，占T形横幅的二分之一强。其中部满布星辰，且大小有别，疏密有致，很可能是依照当时的天文星象实图绘制而成。

　　以上两幅T形帛画天府图虽各有侧重，但发展脉络还是清晰的。3号墓非衣大体分天府和天象两部分。天府图下至T形纵幅，上至天象图以下，左右御龙天神形象极富人间气息，凤衔龙图像则与楚美术凤龙主题关系更为密切，天象图也更质朴。至1号墓非衣，天府、天象二单元在结构上合一，天帝上升，与北斗等星象相合，居于天府正中顶端醒目位置，为人首蛇身造型。扶桑九日、云龙、月御等神话传说成分更浓，还有司铎者以怪兽代人，骑乘以花斑飞廉代天马等等。所有这一切都使天府变得神秘而神圣，人所创造出的天帝与自然的"天"更好地结合了起来。

　　很显然，上述不少与神话传说相关的图像阐释和典籍征引歧出，矛盾颇多。研究者引经据典的角度不同，所得出的结论也会有异，甚至完全对立。许多对图像寓意的认识至今仍难以达成定论，这一切与先秦、两汉文献舛误、神话传说多出有关。以《山经海》各地神禽异兽为例，就有不少重复、类叠、矛盾之处。这不仅使艺匠们据之所绘的各种图像奇异多端，而且使得这些图像的原初意义也具有非统一性。如1号墓非衣上的水府羊角怪兽、人首鸟身像、"天桥"双豹、天幕朱雀和3号墓非衣的"坛形乐器"、双雀等等，可能具有某种象征意义，也可能如后来不少山东汉画像石一样，仅为填空，与主题无太多关联。正确的读图方法应该是舍繁就简，抓住帛画图像主体，以阐明全画绘制的主题思想，也即全部帛画主要表现的是亡灵世界的天上与地下图景，是时人在魂归于天、魄归于地的思想支配下，为死者亡故后图绘的两重画卷。其中地下部分的阴间绘死者魂魄合一画面，天上部分的"人间"绘墓主灵魂升天图，共同表示全画合魂魄与引魂升天的主题。水府表明魄体安居之环境，天府则为有别于阳世的阴世之天，是亡魂所居之处。那敞开的阊阖天门及天府中的阳乌、蟾兔之月和居天之中、当昆仑之上的"北极"太一神，在这里都是阴世之天的象征，天幕下飞翔的鸥鸦也标志着这是一个"梦的王国"和"死神世界"。所以，这里的天府说到底还是地府，是在当时视死如生观念下生人为死去亲人勾勒出的虚幻的美好世界。从这个意义讲，马王堆 T 形帛画仍是魂幡，代表亡者魂魄于地、于天的存在。

（二）T 形帛画的民族学、民俗学研究

以上对马王堆 T 形帛画的研究，更多地是以汉文典籍为

线索和依据的。然而作为出自楚地的丧葬艺术品，它可能具有更多当地的文化特征。作为丧葬礼俗之一，它也可能在民间有着长期的传承和广泛的分布。因此，随着研究的深入，一些从事民族学、民俗学研究的学者，开始重新审视帛画。

所谓民族学和民俗学，是两门各自独立又颇多关联的人文学科，前者以部族、民族等人类共同体为研究对象，探讨各民族的现状及其历史发展规律；后者以民间风俗为研究对象，是一种民间传承文化。其主体部分形成于过去，属于民族的传统文化，但又随社会发展而不断发展与变化[36]。二者在研究时间、范围上显然有交叉和联系，如不少文化现象都是民族的，又同时是民俗的，研究方法也都以实地调查为主。尤其是二者对地处僻远的少数部族或民族中具有文化发展后滞特点和中下层民间文化习俗的调查与研究，对于研究现已获得较高文化发展民族的历史具有某种"活化石"的意义。

在前述楚帛画和马王堆 T 形帛画讨论中，我们已经注意到一些学者多方利用中外民族学、民俗学资料进行研究的情况。随着近年来楚文化考古和楚学研究的深入，越来越多的学者注意到楚文化复杂的民族性和地方性特点，指出楚文化中最富特征的部分，往往都与楚地濮、蛮、越、戎等族有关。而在以后的历史时代中，当楚文化作为一个整体已经消失后，某些遗迹仍然保存于居住在边远地区的这些民族的后代之中，成为我们探讨楚文化来龙去脉的重要依据[37]，也成为我们考察楚汉文物的重要参考之一。以下对马王堆 1 号墓帛画神话内涵、民间丧俗等的考察便是一个例证。

1. 马王堆 T 形帛画的民族学研究

有关马王堆汉楚文化、越文化、巫文化等文化因素的分析，素来不乏其论[38]。1985 年，林河、杨进飞发表了《马王堆汉墓飞衣帛画与楚辞神话、南方神话比较研究》一文，第一次从非衣招魂习俗、神话内涵等方面系统论述了帛画的南方民族特征[39]。1990 年，过竹发表《马王堆一号墓帛画与苗巫文化及其思想》一文[40]，将整个帛画分为四个层次，并逐一与苗族古歌和神话对照研究，认为"帛画至少有相当部分反映的是苗巫文化"。以上论述多基于这样一个史实，即当春秋以降楚人南下征服荆蛮后，除大部分蛮族臣属于楚外，另有一少部分则西南向迁徙流转，并相继以汉长沙武陵蛮及魏晋荆州蛮、雍州蛮和隋唐湘西的五溪蛮等出现于史籍中。其为楚地蛮族之后，也是近代苗瑶语族各民族的祖先[41]，文化与遥远的楚文化、楚蛮文化有千丝万缕的联系。

第一，关于非衣乃"飞衣"招魂的性质。在沅湘之间，湘西、汨罗一带，直到近世仍有以被招魂者贴身汗衣高挂竿头引魂、喊魂的习俗，说明南方以衣招魂之俗源远流长。又据靖县苗侗杂居区风俗，人死后要乘龙升天，故用白布作引魂幡，由堂中升起，拆瓦穿屋而出。此习俗似也与非衣有关。在有的学者看来，马王堆非衣是"飞衣"，而非《礼记》中的铭旌，是南方民族神话的产物。不过，我们知道直到近世，鲁、豫、皖、东北等广大地区还多有小孩被吓后以其衣招魂之俗，甚至在弗雷泽《金枝》一书中也不乏这种例证。可见以衣招魂是自古至今民间广为传承的习俗之一，只是此俗起始于何地尚无法确定，但将民间以衣招魂习俗纳入考察视野还是有一定意义的。

第二，对于帛画内涵的民族学阐释。主要可分作以下几个方面：

　　一是帛画人首蛇身像。林河、杨进飞认为它是与女娲神话有关的南方民族的祖先神"傩神"，称"傩娘"或"溜傩"（即龙神）。所谓"傩"是南方民族的祖先神，跳傩最初为南方民族的礼仪，目的是请出傩神，为民间驱逐灾星瘟疫。祭祀傩神在南方自秦汉至两宋都广为盛行，近世乃至现代傩戏仍见于南方农村广大地区[42]。至于傩神周围的飞鸟，笔者以为应是百越人崇拜的神鸟"雒雁"[43]。过竹则以《苗族创世史诗》为据，认为帛画女神的"披发"和"龙蟠"符合史诗中的始祖母神"竺妞"形象，司铎二神恰为始祖母神传令的"雷兽"和"朱幂"。总之，在以上诸学者看来，帛画天神及其周围的图像与南方民族神话密切相关。

　　二是南方九日神话。尽管有不少学者援引典籍中的"十日说"论述帛画天府九日，但也有不少学者将关注点集中到南方民族盛行的"多日说"，尤其是"九日说"上，如容观琼就认为，帛画的画面上没有十个太阳及后羿的形象，并非画家的偶然疏忽，帛画也非"九日代烛"的地下景物或是另有一个太阳隐藏在扶桑树叶后面，而是与居住在云南文山壮族、苗族自治州的苗民中，一直流传的九日九月说相关[44]。林河、杨进飞指出，侗族有神话《鸡冠花》生动地讲了九日与一日的来历以及公鸡司晨和鸡亦即鸟与太阳的关系。流传于云南武定、禄劝两县苗族地区的《公鸡叫太阳》故事，也与此相类[45]。苗、纳西、布朗、哈尼、拉祜、布依、藏等族则有英雄射下八日仅留一日的神话故事[46]，可见九日说在南方盛行之一斑。故此，鲍昌认为："帛画成于与少数民族地区紧邻的湖南，很容易受到少数民族'九阳'神话的影响。"[47]李建毛也认为："在中原流传十日神话的同时，始终存在一股九日之说的暗流……且在南方楚地更为流行。"[48]因此，在属旧南楚之地的长沙出现的帛画"九阳"，很大可能反映的即为南方"九阳"神话。

与帛画九日说相应，扶桑也不再是典籍中高大挺直的太阳树，而是据湘西苗族神话绘出的小而弯曲的马桑树[49]。过竹文中则讲述了见诸《苗族创世史诗》中的一个更富于"牺牲"精神的"麻秧"故事：九日作乱时，一棵直冲云天的"麻秧"树以其杆化弓，其枝削箭，九箭飞天，好似九龙，八日中而陨落，一日幸存遂挂于天空，从此麻秧树缚束着八日，禁其作乱，束缚之器即为"神箭"。观帛画中的神树，其上恰挂有"箭"状花蕾九束，八日隐于"蕾"旁，一日高挂天空，正是史诗的形象写照[50]。

三是有关月下女子。林河、杨进飞结合湖南苗族神话，认为这个女子乃《金沙》中的托月天神。过竹还指出月下女子的"短卷不裤"和"跣足"之态，与《淮南子·原道训》所云"九疑之南，陆事寡而水事众，于是民人被发文身以象鳞鱼，短卷不裤以便涉游"的南楚风习相同。它与1号墓女尸的"不裤"和随葬品中无裤及人物赤足等现象，共同反映了楚人的这一着装特点。

四是天幕下被释为鸥鹩或飞廉的怪鸟的雷神身份问题。据民俗学家研究，在我国民间信仰中，人们直接通过感官感受到的崇拜对象除了天地和日、月、星三辰外，最令人感到神秘莫测的是被称作天象的大自然气象。其中在古代文献记载中，关于雷的崇拜又比其他气象要多。雷崇拜首先因雷声的震动而起，因为"雷出则万物亦出"，故雷为"动万物"之神，是主宰万物生长的神。同时，人们又将雷和天结合，认为雷声乃上天发怒的标志[51]，故古往今来我国南北都有对雷的广泛崇拜。

雷神的神形是天象崇拜中独具特色的。在汉文典籍中，雷神初为兽形或人兽合体形。《山海经·海内东经》曰："雷泽中有雷神，龙身而人头，鼓其腹。"《论衡·雷虚篇》中的雷神则"若力士之容"，"左手引连鼓，右手推椎若击之状"。少数民族关于雷电来源的神话也大部分与雷神击鼓有关，其状多为人形，但壮、侗、苗等民族神话中的雷神为鸟形。壮族民间传说雷王的形象是青蓝色的脸，鸟的喙，舌作歧状，一吞一吐会发出小串的火花。背上长一双翅膀，左手可招风，右手可招雨[52]。侗族神话中的雷神与之相类[53]。苗族各地的民间传说或说雷公的原身是只大公鸡，或以为雷公是鸡嘴、鸟爪、鹰翅、人首等组合体[54]。此外，在中南美洲的卡立勃人、巴西人，非洲的贝川那人、巴须陀人以及缅甸的客连人等，也都有关于雷鸟的神话传说，并认为雷声是雷鸟拍动翅膀所致[55]。对照马王堆 T 形帛画中正面而飞的鸟形怪物，从造型看与壮、侗、苗等民族的传说中的雷神相类。它居于天门外的天幕下醒目位置，也与雷神总管天下人间善恶赏罚的职司相符合[56]。

五是魂归何处问题。一般论述帛画主题，不外乎招魂复魄、引魂升天诸说，但若按《招魂》巫咒，魂是天地四方皆不可去的。那么何处为亡魂的归宿呢？一些民俗学家通过研究湘西南的侗族及相邻民族的神话，认为雁鹅村才是亡魂的"极乐世界"。因为南部侗族人相信，雁鹅村是他们至高无上的女神"沙娶"（汉译"老祖母"）居住的地方，那里到处是花树、甘泉、仙果，无忧无虑，自由逍遥。亡灵到了雁鹅村便可恢复青春，与所有的亲人团聚在一起。当然，雁鹅村在极其遥远的天上，只有在老祖母派来的神雁的背驮下渡河、涉水、爬山，历经艰辛方能到达。马王堆非衣上的墓主乘青白二龙，又多有雁鹤导引，正形象地描绘了亡灵去天上老祖母居住的"雁鹅村"的情景。1号墓黑地彩绘漆棺上的羊形怪物骑神雁图即表现軑侯夫人亡灵骑雁的情形，因而是《雁鹅村》神话最好的注脚[57]。与《雁鹅村》相类的魂归故里神话，在南方诸民族中颇多流行，黔阳的《散花歌》唱的是亡灵升天至桃园洞，与所有死去的老祖宗共度美好日子的[58]；黔东南苗族送丧时由巫师诵唱的《焚巾曲》，也是旨在"送死者的灵魂沿着祖先迁徙过来的道路，一步一步地回到远古祖先居住的东方老家去，然后再送它上天到始祖蝴蝶妈妈居住的月亮上去"[59]。云南永宁纳西族创世神话《崇邦统》认为，人死后要由东巴经师或家族长者为死者念诵祖先迁徙的路线，将死者的亡魂送回"老家"[60]。由此可见，魂归故里是许多民族共同的向往与追求。

综上所述，马王堆1号墓非衣是迄今唯一一幅引起众多民族、民俗学家广泛参与讨论的帛画作品。从以上的论述中我们不难看出，学者们在挖掘南方民族学资料和研究民俗文化中所做出的努力，为深入讨论1号墓非衣提供了更全面的视角。事实上，古代民族与文化的交往远比我们想像的要丰富、复杂得多。仅就帛画所表现的内涵看，不是仅用哪一个民族的神话与传说便可以完全解释清楚的。更何况数千年的时空距离、诸民族漫长的迁徙之途及彼此间的长期交流与融合，早已使其文化"今非昔比"。以它们的史诗、民歌、习俗等对马王堆非衣图像进行研究仅是一种方法。

2. 帛画的民俗学调查

马王堆非衣上绘死者魂像，且具有旌旗的外形与张挂的特点，很自然使人们联想到与古代、近世乃至现今仍广泛使用于民间丧葬礼仪中的各种旌幡。唐宋以降，在笔记、杂录等中屡屡见有魂帛的记载，较为详尽者如司马光的《温公书仪》卷五"丧仪"，就对当时丧事从复、易服至讣告等过程一一记述。与汉非衣帛画有关的似乎有铭旌、魂帛两项，其中铭旌显然具有"铭某官某公之柩"意。至于"魂帛，结白绢为之，设椸于尸南，覆以帕，置倚桌其前，置魂帛于倚上，设香炉杯注酒果于桌子上，是为灵座。倚铭旌于倚左。侍者朝夕设栉颒奉养之具皆如生平。俟葬毕有祠板则埋魂帛洁地"，应是作为死者灵魂象征的。事实上，在此句下司马光就明确说：宋时自上而下的官吏"皆有魂帛……礼，大夫无主者束帛依神……"，又有"世俗皆画影置于魂帛之后"云云[61]。由此看来，宋时的魂帛与楚汉上画魂像的魂幡性质相类。《云麓漫钞》卷四亦云："柩之有旐……古人施于柩侧，近俗多用竹悬出屋外，阴阳家从而附会之，以为死之魂悠扬于太空，认此以归。"[62]只是这里的旐上是否有图画或文字，且最终如何处置，远不如温公所述为详。至于近世，此类助丧的魂帛仍有使用。

顾颉刚1924年曾写过《两个出殡的导子帐》一文[63]，尽录了顾氏家中的两个导子帐，其一是顾氏之妹的招魂回吉导子帐，全部共三十二项，其中的绣旗（十面）和领魂鸡亭，大体是与古之丧俗有关联的；其二是顾氏祖母的出殡导子帐，总共八十项之多，只有灵柩、神轿和铭旌亭为出殡主体，其余皆属铺排之举。然依顾氏之言，"这两个导子帐只是刚刚透过水平线的"，是为"推想一班阔人家的夸炫"提供一个参照的。

当然，在争奇斗富、花样翻新之中，原有的丧葬礼仪和用具便显得不为人所重视，比如苏州的出丧绣幡如何，领魂鸡亭与铭旌亭又是如何，就少有记述。不过其他地方各类丧葬旌幡的存在，为我们进一步认识旌幡古制的演变提供了某种可能。

以屡次出土帛画的山东临沂为例，当地近世葬俗中，就常有用纸或丝织品等绘以人物形象或铭记死者生前事迹的旌幡，前者俗称灵幡，后者俗称铭旌，往往"祭祷时张挂灵堂，出殡时引为前导，下葬时则铺在棺盖上"[64]。这种做法几乎与汉制全同，称谓也颇相契合。长期在临沂从事考古工作的徐淑彬也指出，至今临沂一带民间仍有"送帐子"的习俗，即给死者家里送一块长条形的白布或蓝布。刘晓路在其论著中，也记录湖南农村至今尚流行的祭帐之俗。这种祭帐以丝织、麻织、棉织、毛织等多种材料制成，多为整幅，一般墨书死者姓名、挽者姓名以及对死者的简短赞语。不仅长200厘米余的尺度与非衣相似，使用上也与非衣一样，在灵堂上高悬祭魂，出殡行列中高举招魂。只是现今此类祭帐已不再入土覆棺或随尸火化，而是葬礼后用作被面或床单[65]。这种情形与临沂是相同的。

江苏句容陈武乡一带则存有更为完备的丧葬旌幡制度[66]。在距句容市12公里的乡间仍保存着丧葬用旌幡制度。据悉，这里的人死后，家人要立即为之订制仙幡、围桌，布置灵堂，并在停柩时于棺材头挡处贴上仙幡头，棺内死者头部左右贴红纸剪出的日月图像，年满六十且儿女成家的死者还要配制灵幡。此外，尚有铭旌、守墓幡等多种。丧葬仪式中较有特色的是赶煞和出殡。后者是送死者至墓地安葬的活动，出丧队伍前导是灵幡，随后有花圈、吹打乐队、死者亲人、灵柩及纸制冥器等。待棺柩入圹、掩埋、起坟等一系列葬仪活动后，于坟前插置守墓幡。灵幡则不入圹中，而是由死者长子手执，径直带回家中，与仙幡一起置于灵堂。直至"五七"后，与仙幡、仙幡头、围桌等助丧物件及若干纸制冥器一同焚烧，以祭奠死者。

陈武乡有关丧葬旌幡共有仙幡、铭旌、灵幡（俗称灵魂幡、引魂幡）、守墓幡四种，均为纸质。铭旌即一张简易的小红纸条，上书"先考（妣）某某之灵柩"之类字样，多在入殓后贴于棺柩头挡处。从题铭看与古代铭旌作用相同，是为铭旌。但应特别提到的是，贴铭旌纸条的做法现在多为直接在棺柩头挡刻铭取代。灵幡顶端作等腰三角形（所见者仅有底边长16、腰边8厘米），以红纸为之，下分垂三条，正中为八尺红布，往往书"慈行接引先考某公某府君之灵幡"、"慈航接引先妣某门某氏孺人之灵幡"字样。守墓幡，据称略同灵幡，长约120、宽约12厘米，上常书"吽守墓之幡"（男）、"唵守墓之幡"（女）字样。此类旌幡不见史载，可能为后起[67]。

仙幡是四种旌幡中唯一用图画形式表现的，与楚汉帛画关系似更大。整个仙幡作长条形，顶端为三角形，上有挂纽，下有横杆。全长420、宽66厘米，较迄今所见最长的东汉铭旌仍长近200厘米。仙幡以白纸为地，上贴五彩剪纸图案。由于制作者或图案设计不同，仙幡细节描绘有若干差异，但主题是相同的，即皆表现现实生活空间、灵龛和天境等内容。如一幅仙幡，全部图包括十二层共四大组内容。第一组自下而上共四层，主要展示日常生活空间。第二组包括五、六两层，展示的是灵堂空间，有灵龛和灵牌等。第三组可分为三层，是对死者冥间生活的物质财富供奉，主要有聚宝盆、摇钱树和金山、银山等。第四组共三层，为天府场景。整个画幡内容明确，即一方面为死者"配备"一套与其生前一样的房屋居所和一应俱全的生活用器，使其灵魂在天上也过着丰衣足食、钱财盈满的生活；另一方面祭享亡魂，祷祝其魂归天府。前者在一定程度上相当于马王堆汉墓规模庞大的棺椁和丰厚的随葬品，后者也即死者灵位的设置和亡者的终极归宿乃升天等，与马王堆非衣的死者魂像及其升天图景相类。当然，岁月的变迁及思想信仰的流变，使得陈武乡纸画幡具有更多的仙道色彩，其被称为仙幡便表明是为祷祝亡者成仙而设。尽管如此，其存在对于我们研究中国帛画旌幡制度仍具有重要的参考价值。

此外，陈武乡还有两种与仙幡相类的丧葬用纸画，一种称仙幡头，实际就是类同仙幡顶端三角形的部分，其意义可能与仙幡等同。因仙幡尺寸过长，悬挂、使用都不方便，故以仙幡头代之。笔者见到的陈姓所用仙幡头三角形底边为72、高50厘米，上以阴阳太极书代替日月，又有云龙戏珠及云纹图案，意旨仍在于表现天境，贴于棺柩头挡以喻死者亡灵上天成仙（图二五）。另有一种高75、宽70厘米的纸画幡横置于灵位桌前，称为围桌，图上所绘与仙幡灵龛的祭享内容相类。

图二五　句容陈武乡仙幡头

陈武乡现存的与丧葬有关的旌幡类用物共有六种，且各有所"司"，很是完备，这在现存民间丧俗中还不多见。尤其是仙幡，悉以图绘形式表现，内容丰富，形式与汉代非衣似有相同之处。民俗是人民大众创造、享用和传承的生活文化，既然是"传承"，必然留下过去的痕迹；既然是"生活文化"，又必然要适应人们不断发展的生活。因此，我们在研究古代文化时，应持有一种既关注民俗又不尽囿于民俗资料的科学态度。

（三）T形帛画的艺术特征

汉代是中华文化艺术空前繁荣的时代，它是在以周秦为主干的北方文化和以楚为表率的南方文化融合的基础上发展起来的。就汉代艺术而论，其内涵和面貌又更多地表现出与南方楚文化的渊源关系。研究者已经注意到，除在行政区域和文武百官制度等方面汉承秦制外，在意识形态领域，尤其是文学艺术方面，汉代尤其是汉初依然保持了其缔造者的乡土文化本色，也即楚地文化特色。从这个意义上讲，"楚汉文化（至少在文艺方面）一脉相承，在内容和形式上都有其明显的继承性和连续性"[68]。张正明将秦至汉武帝前视为转化期的楚文化，就是以楚文化对汉初文化的影响为基础的。在功臣百官皆楚人的汉初朝野，楚文化全面复兴，楚辞、楚歌、楚舞进入宫廷，楚服、楚冠成为皇帝及百官所爱。此外，色尚赤、位尚东尚左、尊凤、奉太一、以十月为岁首等等，也无不源自楚俗。汉代帛画便是在这种背景下产生的。

迄今所见的汉代帛画，从题材和种类看，可以大体归入三类，一类为用于丧葬巫仪中的非衣、铭旌画，一类为反映墓主生活的帛画，一类为帛书画。马王堆帛画在数量、种类上以及艺术水平方面都占有绝对优势，尤其是马王堆 T 形帛画更可谓汉代帛画艺术的杰出代表。

马王堆非衣从外形到内部绘画大结构上都具有极强的设计性。从马王堆 1 号墓 T 形帛画的制作看，整个外形具有严整规制、均衡对称的特点，这可能与盖天说的天地中心及昆仑不死神话有关。帛画 T 形图像的安排也体现了这一点。在 T 形"竖幅"中以龙璧为界，划分出天与地两大部分，并表现出从水府、阴间到阳世（即人间）的多层世界，或也可作昆仑天梯的象征。又利用 T 形"横"与"竖"的自然分界作为帛画天府与人间绘画的分界，以横幅的广度展示天宇的辽阔，由此完整地表现宇宙的广度与深度。天府与人间仅表明二者所处的空间层次的不同，彼此并不能完全隔绝，故 1 号墓帛画就将天府门阙绘于与人间交界处。3 号墓帛画天阙更深入纵幅，占有相当空间，使天府、人间紧密相连。不仅如此，整个宇宙各层也都相连，故而帛画从下部的水府、阴间、人间到天府皆可上下通连，阴阳与生死交替。整个帛画大体就是以这种系列图画的形式，形象地描绘人们对死而复活、生命永驻的理想追求的。这样的帛画较之战国帛画内容更为丰富，艺术形象更为真切，宗教感染力也自然更强。尤其是其形制与表现内涵贴切的结合，极大地发挥了帛画的宗教艺术功能，显现出艺术家奇巧的构思和卓越的构图才能。

非衣帛画基本上是一种完整的叙事性"挂轴"。它将极为繁杂的内容悉数纳入简明、对称、均衡的构图之中，主要内容如天神、墓主、地府等布置于自上而下的轴线上，成为画面中心，其余物象如日月、升龙、双阙、双龟等则上下左右对称、均衡地布列。全画构图的严整对称可能取决于帛画作为魂幡的性质，但在不破坏整体结构的情况下，作者又在对称均衡中力求变化，如3号墓帛画天府日月大小有异，圆缺有别；双龙右为升龙扶桑，左为翼龙望舒；1号墓帛画太一尾部左右的缠绕形式不同、所占空间不同，左右侧所绘立鹤数量不同；升天图中的墓主前二人、后三人；地府招魂仪式的八女子右四正坐、左四侧身等；又"天桥"桥墩前倾、桥面却后斜且有后重之势，地府赤蛇对巨人右侧空间的占有和巨人偏左承托"大地"的安排，又与上述的"天桥"遥相呼应，一右重，一左重，达到又一种平衡。此外，像两龟的动态、两龙尾的下垂之状、双鲸左右的空间等，也都是对称而又充满变化的。正是由于这种种的"同"与"不同"，使得画面能寓精微的生动灵活于大的严整规范之中，帛画也由此变得更富意趣。

整体上的严整对称并未使画面陷于板滞，这其中重要之处是作者在构图中恰如其分地采用了数度开合的手法。所谓"开"即画面各绘画单元向四方、四面、左右上下两方的扩展布列；"合"则是向中心的聚拢与集中。完美的开合构图既可突出主题，又能使整个画面具有徐缓、律动、变化的特点。张安治在1号墓帛画发现初期就着重对其艺术成就进行考察，并指出帛画构图上的这一特点[69]。他认为，帛画至少涵盖四对开合关系：一是太一、日月三星并列的"开"，双龙、飞雁拥向悬铎的"合"（3号墓T形帛画天府正中为星云，其下为天帝，与1号墓的"开合"略异）；二是散点列置、左右相对的云树、天阙、司阍的"开"，朱雀华盖和正面鸱的"合"；三是相背双龙的"开"（3号墓帛画为四龙），双龙穿璧的"合"；四是垂缨披纷、龟鸱献祭的"开"，双鲸交体的"合"。此外，大"开合"中又有小开合，或合中有开，开中有合，如天府中司铎怪兽的"开"和双鲸尾部角兽的"开"就分别寓于双龙、双鲸的"合"中，由此形成聚合分离、交错变化、张弛有度的画面结构。

非衣帛画以画面的满密为特征，但也注意密中求疏，以密衬疏。为了在有限的画幅中容纳繁复的内容，帛画采用主要物象分布全幅，并于空隙间填充若干图像的做法，使作品显得组合充盈、画面饱满，物象间又有相互关联。以1号墓非衣为例，天府图顶端将日、月、太一三个类圆形图案均匀分布，又以排成一字的五只鸣鹤将三个散点连成一气。翼龙下填以云纹，既可表示翼龙腾云的意象，又能求得与右侧扶桑九日的对称。在纵幅中，用交璧双龙将画面巧妙自然地分作上下两部分，并以屈曲流转、上下攀伸的双龙体构成一定的图像表现空间，使这部分画面于繁密之中更显交织变化。两组人物画即绘于交龙上下体内，仿佛一个独立的空间，龟鸱、双鲸、赤蛇等则穿插其间，人物、情节、大小图像互为交织，引人入胜。就整个画面讲，繁密是其主调，但至少有两处疏阔，一为两龙首相间的墓主上方的"天"，另一处为天阙以上的天庭及天庭主神太一周围，由此可以看出作者并不是以图绘物象所占面积的大小来表现其重要与否，而是巧妙地运用以"密"衬"疏"的方法，用墓主"升天"图和太一鸣鹤的"密"来烘托墓主人以上、中轴部分的"疏"和太一左右的"疏"，从而达到突出全画主体的目的。再以天府与横幅以下的纵幅比，物象虽多，但它们彼此独立的散点分布，使得画面有一定间隙，天府因而显得疏朗。纵幅则因为双龙穿璧的一统显得紧凑，又因各种物象的交缠盘结、穿插遮蔽而显得繁密壅塞，但恰可传达多层宇宙的丰富万千。总之，天与地、主与次都因这"疏"与"密"而得到了完美的展示。应该指出的是，3 号墓非衣在疏密处理上还显得较为稚拙，主要表现在"密"过度、"疏"不足上。在 1 号墓非衣"太一"的位置上画满星斗是"密"，天帝、双鱼是密，交璧四龙是密，满布天地空隙间的宫廷装饰性羽葆纹更是密。因而这件帛画不免给人画面壅塞、华丽繁缛、主题不明的印象。

非衣帛画的形象以"动"为多，但又注重以动衬静、动静交融。出于"升天"信仰的需要，画面神异祥瑞动物众多，其中以龙最为醒目。所有动物，应该说都是三代以来就惯常表现的形象，但在楚美术时代，龙成为仅次于凤的艺术主题。在楚地崇尚生命运动与精神自由的审美追求中，龙凤又与其他动物一样，具有更多飞扬流动、浪漫不羁、夸张生动的特点。非衣帛画继承这一传统，双龙的盘曲飞腾、花豹的矫首奔跃、鹤的飞鸣、龟的爬行等等，无不绘其形而得其神，充满动态与活力。尤其是天府升龙以屈曲扭动的大 S 形构成，或腾云振羽，或舞身树间，仿佛整个日月星空都在其腾舞中风云飞动。在整幅弧线物象的穿插交缠之中，作者特意自上而下绘出了几条"直线"，这便是倒 T 形天阙，墓主升天之"桥"和巨人手托之"地"。这既是帛画"层"的分割线，又是帛画表现的主题所在。升天图居于中段，以显示它为全画的重心所在。此外，作者还力求调整动静关系，以达到动静交融的艺术效果，如天上的日月似显独立而静态，将充满灵动的吐舌龙首绘入其间，便使动和静产生了联系；天庭之铎独悬中庭，但周遭穿插以飞鸿、矫首伏豹和奔跃的异兽，便使"铎"的作用豁然突出，仿佛它已发出脆亮声响。又如天府主神太一上身正然端坐，是一种静的态势，但周绕的蛇躯，尤其是蛇尾部的盘绕，透露出几分动感。两幅人物图以静态为主，但也略含动意，而腾跃的龙以静态的玉璧、玉磬约束，则是寓动于静、动静交融的最佳范例。此类龙璧图在汉代以后的艺术中得到发扬光大，成为常见的装饰纹样之一。全部作品从总体上看，天府境界辽阔疏朗，气脉相贯，充满动势。天府以下层次密叠，结构紧凑，具有更多动中寓静的特点。而天的云流风动和地的岿然寂寥，正是古人对宇宙运动的总体认识。

综上所述，马王堆非衣帛画在构图上取得了很高的艺术成就。战国楚帛画篇幅小，内容简单，进入西汉，帛画陡然发展到如此大的画幅，内容包罗万象，如何组织画面是画工必须解决的问题。从这两幅 T 形帛画看，画家能科学合理地创作出"非衣"外形，并把错综复杂的形象融入一个主题鲜明、结构紧凑、组织严密的统一的画幅之中，足以显示画工高度的形象组织才能和杰出的构图设计能力。

在表现技法上，非衣帛画仍以勾描作为造型的主要手法，但与早期美术相比，稚拙之感少了许多，具有流畅、自然而生动的总体特征，以及很强的表现力，显示出马王堆非衣线描技法的完整性和体系化。具纯超现实意义的形象如司铎怪兽、羊角怪兽等，往往是动物造型模拟人的姿态，显得奇诡怪谲。天神太一虽为人首、人身而蛇尾，但两者表现都较写实，宽袍大袖一如人君，头顶的扁平甚至与三代以来神异的人神相类，蛇尾匀细精密，也作楚地常见的双身。龟、蛇、豹、鹤等造型多形态生动，且与楚汉艺术精神一致，重神似，重意象，在用笔上也显得纯熟精细。龙的细部描绘工整纤纤，龙首极尽夸大，细颈粗腹纤尾，则仿佛模拟蛇形，但整个造型蜿回曲折，线条圆熟流畅，一气呵成，动态犹如浩空浮云，轻盈矫捷。纵观整幅画面，龙和动物画得最多，表现也最为生动，显然与三代以来动物即为重要的艺术主题和灵魂升天的帛画主旨密切相关。事实上，与马王堆帛画时代相当的永城柿园墓壁画，也是以龙为主体的，所表现的当是与马王堆帛画相类的绘画主旨（图二六）。

　　最后，非衣帛画以装饰风与写实追求相结合的手法进行敷彩，从色彩上很好地表达了帛画现实与超现实结合的艺术内涵。早在战国帛画《人物御龙图》中，画工们已经知道运用背面衬色的办法，以加强正面色彩的效果，马王堆非衣继承此风，以深暗的暖色作为帛画底色，以墨线为骨，大量施用丹朱、白粉等原色，且在施用上互相交错，彼此映衬，具有很强的节奏感和平衡性，从而使整个画幅呈现出以红、白二色为主调，热烈庄严、浓重艳丽的总体效果，实可谓汉代典型的工笔重彩画。当然，除红、白二色外，又穿插和点缀石青、粉中加青及各种调和色，使画面既有色相的不同，又有色调深浅的变化，从而达到色彩冷暖交织、变化万千的效果。在具体施色

图二六　永城柿园汉墓墓顶壁画（局部）

上，一般仍采用平涂法，也兼用晕染。设色原则皆依物象的性质而定，如非衣中的白龙、双龟、帝阍衣袍、姬妾深衣、升天"桥"及鼎壶器物等，采用青色晕染的手法，表现一定程度的立体感。有些物象则不施线描而直接彩绘，或勾勒与没骨结合，如阳乌、红日都直接平涂色彩，龙舌、鸟足、伞杖、剑柄直接用彩色一次绘成。有些图像色上加色，亦或点染自由率意，如白龙上再敷以青色、青色羊角怪兽以红色打底等，青鲸上复点红斑等，都旨在加强色彩的丰富性。帛画能达到沉着又鲜明、厚重复明快、富丽亦青幽的色彩效果，与作者丰富的设色经验是大有关系的。

汉代是中国传统绘画的奠基时期，但因墨迹缺乏，汉画研究过去不得不更多地借助于汉代画像砖、画像石等资料。近五十年来，随着汉墓壁画、漆陶绘[70]、帛画等的发现，极大丰富了汉画资料，这其中帛画尤为学界所重。作为汉初独立式绘画，它从题材到艺术表现上都对同时代绘画产生了重大影响。

第一，汉墓壁画最初的布局形式与马王堆 T 形帛画有着某种关联。70 年代洛阳发现的属于西汉武帝或稍后的卜千秋夫妻合葬墓墓顶脊和山墙处壁画。据研究者称，若将"整个画面展平来看，恰似长沙马王堆 1、3 号汉墓出土的覆盖在棺顶之上的'非衣'帛画的模样。从其题材内容和特意布置，人们不难看出，它不只是墓室的壁画装饰，并且还具有'非衣'的性质"[71]。时间上稍晚于卜千秋墓的浅井头墓壁画位置与之相同，若相互连接起来，似乎也作 T 形，与非衣帛画相仿佛。加之该墓墓顶斜坡密布的祥云，与马王堆 1 号墓和长沙砂子塘汉墓的棺绘流云、怪兽、仙人、鹤、豹等也有相似。故有学者认为："洛阳西汉中期的这两座墓之壁画与汉初楚地墓葬帛画有着明显的继承关系……甚至可以说它们就是'非衣'画幡的变体和翻版"[72]。

第二，汉墓壁画题材与汉初帛画有明显的继承关系。以上述卜千秋墓和浅井头墓为例，壁画主题即皆以升仙为主，在形式和主体内容上与马王堆 T 形帛画相一致，只是由于壁画装饰部位为墓顶，其表现也主要为升天场景。如卜千秋壁画墓就将天空景象搬至墓顶顶脊，以长卷式手法自前而后依次绘出包括女娲、月亮、持节方士、二青龙、双枭羊、朱雀、白虎、仙女、奔兔、猎犬、蟾蜍、卜千秋夫妇、伏羲、太阳、黄蛇等在内的气势宏大壮观的升天队伍，构成一幅日月辉映、神人四灵腾云的虚空天境，较之马王堆汉墓帛画更具宗教艺术感染力（图二七）。在大连营城子东汉前期壁画墓中，此类升仙图更为

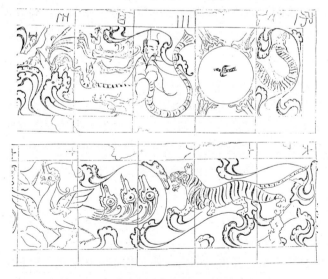

图二七　洛阳卜千秋墓墓顶壁画（摹本）

图二八　大连营城子汉墓壁画升仙图

情节化。全图分上下两部分，上有玄鹤、苍龙飞腾云间，表明天的境界，其间有高低不等三人。最左侧巾冠、长髯、宽袍、执扇者当为方士，后为侍童。正中高大者头戴三山冠，腰佩长刀，拱手而立，足踏翔云，显然是已升天之墓主。而左侧云端羽人手捧三株树右向跪迎，恰好与墓主欲左向升天前后呼应，构成一完整画面（图二八）。

不过，营城子升仙图所处位置为墓室北部而非墓顶，这可能表明升仙图在以后的发展中虽仍为壁画题材之一，但有渐次摆脱纷纭天界而独立成幅的倾向。事实上，西汉中期以降，画工就开始有意识地视墓脊乃至墓顶为苍穹，绘以日月、星宿、四神等图了。如洛阳61号西汉元帝至成帝间（公元前48～前7年）的墓葬墓顶脊即绘出我国迄今所见最早的日月星象图；西安交通大学内西汉末年墓，也于顶部绘出大面积天象图；洛阳金谷园新莽墓则于前室穹隆顶上尽饰太阳流云，后室顶脊绘日像、月像、太一阴阳图和后土制四方图。与此同时，墓顶、壁也开始绘出梁架、枋柱以象征房屋建筑的木结构，并将大量人物故事、世间生活场景等绘饰壁间，由此墓葬便逐渐成为为死者提供的、立体的、涵盖天地人世的微型宇宙了。这较之马王堆帛画的平面展示，显然更为直观真切，也有更大的表现空间，因而更具生命力。

在壁画众多装饰题材中，许多内容与汉初帛画有着渊源关系，如墓主人像，从肖像画角度分析与马王堆 T 形帛画人物画有着密切的关系；车马出行图则是对马王堆 3 号墓《车马游乐图》、《车马仪仗图》乃至楚漆奁《车马出行图》的继承和发扬；城邑、幕府图的最初形式应是马王堆的轪侯《小城图》、《临湘城邑图》等；而人物故事、百戏伎乐则在临沂帛画中已见端倪。总之，以升仙、天象图等为代表的汉初帛画题材对汉代墓葬壁画和画像砖、画像石等的影响是显而易见的。

第三，马王堆帛画中的日像、月像图，在新石器时代即已出现，但它们更多是对日月的直观描绘，乌与日结合的不多，且并未形成规制。尽管彩陶中有一种墨绘"三足乌"图像，周绘大墨圈，仿佛白日玄鸟的"日像图"，但一般来说，较明确在日月中绘以动物的日、月像大体以马王堆非衣帛画为初见。在1、3号墓两幅帛画的日、月像中，皆绘有作静态的两足阳乌红日和蟾蜍、奔兔弯月像。在以后的卜千秋墓以及其他汉墓壁画中，也都有日、月之像，且在图像主题与绘制上表现出与马王堆 T 形帛画的承继发展关系。至于东汉南阳画像石中鸟形腹部作圆形的日、月像，或称作日月同辉、日月合璧、日中三足乌一类的天象图，则又是对西汉日像、月像的发展。再如汉墓壁画、汉画像石和画像砖中常见的伏羲与女娲、羲和与常仪造像多作人首蛇身，而这一模式始见于马王堆 1 号墓 T 形帛画画工对太一天神人首蛇躯的创造。且无论是伏羲、女娲还是羲和、常仪的擎日托月，也都与马王堆 1 号墓帛画所确定的天神与日月的关系有显著关联。又如龙璧图，在马王堆汉墓帛画和 1 号墓朱地彩绘棺上都有绘制，洛阳浅井头汉墓后室顶脊绘画中的"太一阴阳图"和"后土制四方图"中，亦有醒目的龙璧图[73]。在东汉画像石和画像砖中，龙璧题材较为多见，甚至常被视为钱币图的装饰纹样，恐也是龙璧图的俗化。总之，上述深具中国传统民族艺术特色的题材与造型样式，都可上溯至马王堆帛画。常书鸿在马王堆帛画发现之初即指出：帛画的发现，使我对中国佛教艺术产生以前民族艺术传统的本来面貌增长了认识，有许许多多与帛画相类同的艺术形象的例子，可以从丰富的石窟艺术壁画中引证出来，使我们进一步认识到中国民族艺术传统一脉相承、源远流长的影响[74]。就是在魏晋人物画中，也可以看到汉画的影响，如顾恺之的《洛神赋图》中的人物，其他物象如日像、蛟龙、仙兽等等，其造型及表现技法与帛画及汉墓壁画便有相应的继承关系。

第四，汉代墓室装饰的空间构图模式与以马王堆非衣为代表的西汉帛画一脉相承。虽然就上下层层布列纹饰的传统论，至迟可上溯到战国时期的铜器，但当时人物排列组合带有浓厚的图案装饰趣味，以上下排列的形式表示空间关系的手法还很稚拙。马王堆非衣虽然也不采用透视法，而是完全的平面布置法，但力图将现实空间与想像空间融为一体，给人以强烈的立体空间感。首先，帛画的上下两部分分别绘以主题明确的天地，而这种布置本身就反映出天、地、人三者的客观层次关系。其次，也继承传统，将某些现实空间的前后关系处理成上下关系，如双龙穿璧与其上下人物组画，可能就属于这种情况。依王伯敏的解释："穿璧双龙的装饰是覆盖在'人间'大院前后厅上空的位置的。"[75]此外，合魂魄画面上、中、下三层次关系，也是空间上的远、中、近景的示意。这种将空间上下与前后关系统统处理为上下关系的做法，虽仍未免简拙，但却很中国化，使人觉得帛画中的人、兽即活跃于一个大的主题中，又并非处于相同的时空中，给人以极大的想像空间。马王堆非衣以后，临沂帛画继承这一传统，同样以上下分层的手法，在长条形画幅中容纳不同时空关系下的天界、人物和动物。到汉墓壁画、画像砖、画像石墓中，这种空间概念的独特表示法，已经作为最具中华民族传统绘画的特征之一，得到广泛而深入的展示了。以武氏祠石室刻石为例，便是在人字形山墙处刻画西王母、羽人、祥瑞等天府胜境，其下再层层列布拜谒、出行等人间故事。

第五，马王堆非衣人物肖像画在中国古代人物画发展中具有划时代意义。在巫术神话观念支配下的早期人类社会，曾创造出众多人兽参半、具有荒诞怪异色彩的神灵形象。因为是想像的产物，又尤显自由而生动，楚地众多美术品便是此类艺术形象的极致表现。《韩非子·外储篇》说画"犬马最难"、"鬼魅最易"。相比之下，人物绘画对于写实技法尚不发达的战国时期艺术家来说还是很困难的。其人物带有概念化特点，衣冠描绘简括，缺乏特征表现。直到马王堆汉墓 T 形帛画的绘制，人物画才得到长足发展，而且写实水平也有很大提高。虽然全部帛画场景繁复致密，但墓主"升天图"无疑是全画的中心，代表了汉初人物画的最高水平。

3号墓非衣共绘立侍、墓主、持伞盖与执剑童子及青年女子共九人，组成一幅迎送墓主上路升天的图景。其中前方迎逢者半掩于龙体后，后方送别的人物相对远而小，多为正侧面。唯墓主居正前方，且造型几为正面，形象异常突出。而1号墓T形帛画墓主图的画面构成更为集中，前有二跪谒侍者，后有并排而列的三侍女，正中墓主拄杖缓步而行。其中跪者的小心翼翼、女侍的正然端立和前后人物较小的体量及其集中关注画面中心的神情，与墓主的神态自若和目光直视形成鲜明对比，极好地揭示出人物间尊卑主从的关系。

3号墓非衣人物头戴汉初风行的刘氏冠，天庭宽阔，眉目清秀，鼻口清晰，唇颔蓄须，面部轮廓于清丽中透出饱满，神情温和愉悦。颈部以下为长袍所裹，但透过长袍仍可看到画工对人肩、臀、腿结构的表现，袍脚后拖的细节还暗示出人物行进的状态。其神情、身姿所展示出的年龄、地位等也与墓主的尸骨鉴定和官职相符合。

1号墓非衣主体人物仍作传统的正侧面，但画家却仍能以其有限的笔墨突现人物的典型特点。其精秀流畅的线描勾勒出人物从额际至下颌间凹凸有致的侧面轮廓。画面上的轪侯夫人及其彩绘衣袍与保存完好的女尸及华丽的丝锦衣物亦恰好相互印证，表明帛画人物具有较强的现实依据和肖像性写实特征。此外，画面工细富丽的设色，不仅为人物平添几分真实，而且也开启了我国传统绘画中工笔重彩人物画的新篇章。

这里所说人物画的写实是一种注重人物的整体动态与细部表现统一的写实，是更注重神似的写实。它虽然早在春秋、战国时期就已应用于美术实践中，但直到汉初才上升到理论的高度。《淮南子·说林训》中明确指出，在绘画中要避免"谨毛而失貌"，即必须处理好局部与整体的关系，以达到统一与和谐。细节的表现要服从全局，不能脱离整体而孤立对待。马王堆非衣作者在这方面的实践显然是较为成功的。利豨与其母轪侯夫人的整体动态描绘都比较准确，造型概括简洁，但不乏细部表现。如轪侯夫人服饰的描绘便远较楚帛画细致，花纹样式和敷彩均取自现实，衣纹线条精丽流畅，很好地表现出衣服轻软的质感，开后世"春蚕吐丝"式线描技法之先河，又烘托出人物的性格与身份。利豨身穿绛色袍服，无纹饰，甚至衣纹襞褶也很少，显现出衣服材质的光滑平整和良好的质感，但红、黑相叠的袍领装饰其间，于简洁中又显出细致繁缛。

马王堆非衣人物是注重神似的写实作品。这一点与汉初强调精神对形体的支配作用密切相关。《淮南子·说山训》在讲到绘画中的形神论时，曾这样写道："画西施之面，美而不可悦，规孟贲之目，大而不可畏，君形者亡焉。"所谓"君形"，就是讲的神似。一幅作品的成功与否，在当时看来起决定作用的是"神似"。马王堆非衣作者显然也自觉或不自觉受到这一理论影响，在注重人物形似的同时，力求做到神似，这其中尤为关注的是对人物五官的表现。3号墓非衣墓主面部因几近正面，五官表现尤为精细，着重展现人物舒阔、祥和、清秀、温厚的容貌特征和精神气质。1号墓非衣上的老妪虽为侧面像，但画工巧妙利用"点睛"技巧，使人物颇具神韵。这一传统在汉代的墓室壁画及画像石、画像砖中得到继承和发展，到顾恺之提出"神似"和传神"阿睹"理论之时，民间已积累了相当丰富的绘画实践经验了。

综上所论，以马王堆帛画为代表的古代帛画艺术，在中国古代绘画史上占有重要的地位。它上承中华远古文化与艺术，下启魏晋绘画之新风，为中国传统绘画的形成与发展奠定了坚实的基础，并开创了一个新天地。

注　释

[1] 李约瑟论及浑天说时指出："在中国，这种概念至迟在公元前四世纪石申编制星表时便已出现。据史籍记载，浑天说最早的代表人物是西汉的落下闳（公元前140～前104年左右著称）。"可见先秦、两汉人已可能有天大地小、天在上、地在下、地浮于水上的认识。《中国科学技术史》第四卷"天学"，第105页。

[2] 张晓凌《中国原始艺术精神》，第192页，重庆出版社1991年版。另外在该书第200～215页，作者还系统讨论了原始符号内涵与功能的模糊形态问题。

[3] 有关螣蛇，闻一多认为，其"螣"与交龙之"交"的意义一样，螣蛇本义应是"乘匹之蛇"。参见《伏羲考》，《神话与诗》，第19页。

[4] 孙作云《长沙马王堆一号汉墓出土画幡考释》，《考古》1973年第1期。

[5] 同〔4〕。

[6] 孙作云《长沙出土的汉墓帛画试释》，《光明日报》1973年8月6日。

[7] 同〔4〕。

[8] 《长沙马王堆一号汉墓》（上），第42页，文物出版社1973年版。

[9] 林河《屈原与荆楚招魂风俗》，《历史》第62期。

[10] 刘敦愿《马王堆西汉帛画中的若干神话问题》。

[11] 参见王延寿《鲁灵光殿赋》、《列子·黄帝篇》、《帝王世纪》等文献。

[12] 钟敬文《马王堆汉墓帛画的神话史意义》，《中华文史论丛》1979年第2辑。

[13] 萧兵《楚辞与神话》第65页。倡女娲说的中国学者相继有郭沫若（1973年）、马鸿增（1980年）、萧兵、孙世文（1987年）、范茂震（1992年）等。

[14] 〔日〕林巳奈夫《长沙马王堆一号墓出土之帛画》，《博物馆》267号，东京1973年；〔日〕曾布川宽《昆仑升仙——古代中国人所描绘的死后世界》第116页，中央公论社1981年版。

[15] 马增鸿《论汉初帛画的人首蛇身像及天界图》，《南京艺术学院学报》1980年第2期。

[16] 同 [12]，周士琦《马王堆汉墓帛画日月神话的起源考》。

[17] 刘敦愿《马王堆西汉帛画中的若干神话问题》。

[18] 韩自强《马王堆汉墓出土帛画与屈原〈招魂〉》，《江淮论坛》1979 年第 1 期。

[19] 同 [4]。

[20] 林河以沅湘民俗为据，对九歌诸神进行逐一考证。参见林河《九歌与南方民族傩文化的比较》，《文艺研究》1990 年第 6 期；林河《〈九歌〉与沅湘民俗》，上海三联书店 1992 年版。

[21] 朱天顺《中国古代宗教初探》第 15 页，谷风出版社 1986 年版。

[22] 张正明《楚文化史》第 295 页。

[23] 林河《〈九歌〉与沅湘民俗》，第 116 页，上海三联书店 1992 年版。

[24] 刘弘《汉画像石上所见太一神考》，《民间文学论坛》1989 年第 4 期。

[25] 陈松长《马王堆汉墓帛画"太一将行"图浅论》，《美术史论》1992 年第 3 期。

[26] 闻一多《伏羲考》，《神话与诗》，第 41～45 页。

[27] 有关日月产生和运行的神话，在我国很丰富。参见屈育德《日月神话初探》，《民间文学论坛》1986 年第 5 期。

[28] 郭沫若《出土文物二三事》，《文物》1972 年第 3 期。

[29] 有关"顾菟"，王逸解为月中有菟而顾望。闻一多则认为"顾菟"为复辅音字，二字应合指蟾蜍而非兔也（参见闻一多《天问释天》，《闻一多全集》第二卷）。萧兵认为"顾菟"应为联合式短句，二者为并列结构，"顾"乃"蟾蜍"，故"顾菟"应为蟾蜍和兔子。参见萧兵《马王堆帛画与〈楚辞〉二则》，《江苏师院学报》1980 年第 1 期。

[30] 除马王堆非衣月亮作缺月外，西汉中期以后的墓葬壁画中的月亮均作满月，更清晰地表明其"不死"的主题。

[31] 蟾蜍口中所衔物一般不为研究者所重，孙作云认为当是云气，萧兵释为"白蜺"，然白蜺为可怕的妖气，兆示着刀兵、战乱和流血，而蟾蜍又可辟兵，故认为帛画月中蟾蜍口嚼白蜺是压胜祸灾、辟除刀兵之意（参见萧兵《马王堆〈帛画〉与〈楚辞〉》）。刘尧民则认为"白蜺婴茀"中的"白蜺"与日有关，《周礼·春官》视祲氏"掌十辉之法"云："……七曰弥"，讲的正是白虹弥天而贯日之象。《汉书·五行志》也说"蜺日旁气也"，皆与日有关。《九歌·东君》"青云衣兮白霓裳"即是讲日神的装饰，故此句与日有关。又白虹即白蜺，白虹贯日则指日食现象。《楚辞今注》第 99 页释"白蜺婴茀，胡为此堂"为："问嫦娥以白蜺为饰，为何有此盛妆，此盖指嫦娥窃不死药奔月时的容饰。"这种将白蜺视为嫦娥装饰的看法略同《东君》的"青云衣兮白

霓裳"。

[32] 同［8］，第 41 页。

[33] 王伯敏《马王堆一号汉墓帛画并无"嫦娥奔月"》，《考古》1979 年第 3 期。

[34]《长沙马王堆二、三号汉墓发掘简报》，《文物》1974 年第 7 期。

[35] 李建毛《马王堆汉墓两幅 T 形帛画比较研究》，《美术史论》1993 年第 4 期。

[36] 钟敬文主编《民俗学概论》第 4～5 页，上海文艺出版社 1998 年版。

[37] 童恩正《从出土文物看楚文化与南方诸民族的关系》，《湖南考古辑刊》第 3 辑。

[38] 林河、杨进飞《马王堆汉墓的越文化特征》，《民间文学论坛》1987 年第 3 期；高至喜《马王堆汉墓的楚文化因素分析》，《湖南博物馆文集》，岳麓书社 1991 年版；聂菲《马王堆汉墓艺术品与巫文化》，《湖南博物馆文集》，岳麓书社 1991 年版。

[39] 林河、杨进飞《马王堆汉墓飞衣帛画与楚辞神话、南方神话比较研究》，《民间文学论坛》1985 年第 3 期。

[40] 过竹《马王堆一号墓帛画与苗巫文化思想》，《广西师院学报》1990 年第 2 期。

[41] 同［37］。

[42] 参见薛若麟《中国巫傩面具艺术总论》，《中国巫傩面具艺术》第 26～31 页，江西美术出版社 1996 年版。

[43] 壮族神话《雁的故事》、侗族神话《雁鹅谷》、南岳衡山炎帝传说、土家族及瑶族的祭五谷神等，都反映了雁鸟为人间带来谷种的神话传说。《越绝书》、《吴越春秋》和《水经注》等书中，皆不乏南方"鸟耕"的相关记载。

[44] 容观琼《试谈长沙马王堆一号、二号汉墓的族属问题》，《民族研究》1979 年第 1 期。

[45] 参见《苗族历史与文化》第 325、326 页，中央民族大学出版社 1996 年版。

[46] 至于太阳之初创，《苗族古歌》另有"以金银铸造"之说。参见徐华龙《中国神话文化》第 16～20 页，辽宁教育出版社 1993 年版。

[47] 鲍昌《马王堆汉墓帛画新探》，《活页文史丛刊》第 6 辑，1981 年。

[48] 李建毛《马王堆一号汉墓帛画新探》，《南方文物》1992 年第 3 期。

[49] 同［39］。

[50] 同［40］。

[51] 乌丙安《中国民间信仰》第 28 页，上海人民出版社 1996 年版；宋兆麟称：壮族巫教信仰中，"主宰雨水和影响干旱的神是雷神……，人与雷神有一道鸿沟，青蛙是两者的媒介，上可代表雷神，下可反映民意"。参见《巫与民

间信仰》，第 33 页。

[52] 蓝鸿恩《壮族民间故事选》第 25～36 页，上海文艺出版社 1984 年版。

[53] 同［39］。

[54] 巫瑞书《荆湘民间文学与楚文化》第 28 页，岳麓书社 1996 年版；过竹《马王堆一号墓帛画与苗巫文化及其思想》。

[55] 陶阳、钟秀《中国创世神话》第 206、207 页。

[56] 同［39］。

[57] 林河《一幅消失了的原始神话图卷》，《民间文学论坛》1986 年第 4 期。

[58] 同［57］。

[59] 罗义群《中国苗族巫术透视》第 178 页，中央民族学院出版社 1993 年版。

[60] 和志武等主编《中国原始宗教资料丛编》（纳西等族卷），第 124、320～329 页。

[61] 司马光《司马氏书仪》卷五"丧仪一"，《学津讨原》第三集七册。

[62] 赵彦卫撰、张国星校点《云麓漫钞》第四，第 43 页，辽宁教育出版社 1998 年版。

[63] 顾颉刚《两个出殡的导子帐》，原文刊北京大学《歌谣》周刊第 52 号。另见《顾颉刚民俗学论集》第 428～438 页，上海文艺出版社 1998 年版。

[64] 山东临沂金雀山汉墓发掘组《山东临沂金雀山九号汉墓发掘简报》。

[65] 刘晓路《中国帛画》第 56 页，中国书店 1994 年版。

[66] 党华《马王堆一号汉墓彩绘帛画名称的考察》，《中国考古学研究论集——纪念夏鼐先生考古五十周年》，三秦出版社 1987 年版。

[67] 在有些地方不用守墓幡，而采用其他形式，如山东临朐农村就特制一根裹杖（上束一捆稻草），出殡时随于棺柩后，埋葬后插于坟头。当地传说死者入殓后三天灵魂在望乡台上，要看到自己的坟才升天，裹杖插于坟头即为其坟标志。由此推知，守墓幡或也当有类似的标墓坟的意义。

[68] 李泽厚《美的历程》第 70 页，文物出版社 1982 年版。

[69] 张安治《西汉帛画的艺术成就》，《文物》1973 年第 9 期。

[70] 有关漆绘与帛画的关系，李正光在对马王堆汉墓黑地彩绘棺进行研究后认为，帛画绘制水平稍逊漆绘一筹，其原因可能为漆器绘画是当时画师掌握的最熟练的一门绘画技能。他认为："对汉以前美术史的研究，漆器绘画可能是最重要而最能说明问题的资料了。"李正光《长沙马王堆一号汉墓黑地彩绘棺的艺术成就》，《湖南考古辑刊》第 1 辑。

[71] 陈少丰、宫大中《洛阳西汉卜千秋墓壁画艺术》，《文物》1977 年第 6 期。

[72] 黄明兰、郭引强编著《洛阳汉墓壁画》第 12 页。

［73］苏健《汉画中的神怪御蛇和龙璧图考》，《中原文物》1985 年第 4 期。

［74］《座谈长沙马王堆一号汉墓》，《文物》1972 年第 9 期。

［75］王伯敏《中国绘画通史》第 88 页。

六　马王堆汉墓帛画（下）

　　迄今已发现的我国古代有关丧葬的帛画，以覆棺帛画为多，一般一墓一件，显然与一定的丧葬巫仪相关。但在马王堆3号墓中除出土有一件覆棺帛画外，还有作为内棺"壁挂"的帛画和与大量帛书共存的帛图画。它们与前述马王堆1、3号墓所出 T 形帛画，无论在外形上还是性质功用上都有明显不同，故这里单列一章加以论述。

（一）3号墓棺壁帛画

　　就帛画的性质论，马王堆3号墓棺壁帛画与覆棺 T 形帛画一样，同为助丧之作，但二者所绘内容却迥然不同，后者为具有强烈巫术意义的魂幡，前者则旨在描绘墓主仕宦和家庭生活。在马王堆3号墓内，共出土两幅这样的帛画，并采用直接将帛画两角固定在棺壁上方的方式悬挂于内棺东西两壁。这是迄今所见我国最早的张挂式绘画实物。由于帛画尺幅较长，中间下垂部分多有折皱残损。经整理拼合，西壁《车马仪仗图》画面基本清楚完整，东壁帛画则因残破过甚，已看不出全貌，但依残片尚可复原若干绘画局部。

　　西壁《车马仪仗图》，长219、宽99厘米，画的是车马仪仗的场面。全画现存百余人，数百匹马和数十乘车。统观全图，除正中偏左上方的淡黄色部分因帛画残损较多而内容不明外，其余皆较为清晰。左上方有上下成排的人物三行，其中上行最前端一人戴刘氏冠，穿青袍，佩长剑，后一侍者为其撑盖。结合非衣中部人物特征，可知它实为墓主即第二代轪侯利豨，其后为十数人的持戟队列。第二行为持盾者近三十人，第三行为侍从三十余人。三行人物排列紧密，占全部帛画的左上角。其下部的大量画面绘制了建鼓图和小型击铙振铎图，最底层为一排步卒数十人。左侧上层可见的西向车骑有五列，每列十乘，共约五十乘，形成颇有规模的车马行列。右下方有北向纵列骑者十四列，在此一方阵的左右又各有西向骑者一列。画面右下角另有四个似乎独立于车马仪仗行列之外的人物形象。

东壁帛画整幅已不可见，但依残存拼合出两个帛画片断，并据其内容分别命名为《车马游乐图》和《划船游乐图》。根据资料和考察情况，《车马游乐图》乃是一幅长 68.7、宽 34.9 厘米的帛画残片，前有主车驾六马纵身奔驰，后有从骑放缰疾驰，组成有序而生动、紧张又轻快的骑射画面。《划船游乐图》残长 17.2、宽 33.7 厘米，从已拼合的画面看，正中有一黑色船体，船上中部有一黑衣女子侧立，其后为两侍女并排撑篙，其前又隐约可见三个红装女子，周围以龙、鳄、鱼等表现出水中的意境。据发掘简报和湖南省博物馆有关人士介绍，尚有包括房屋建筑图像在内的若干残片有待拼合整理。

3 号墓出土简牍六百一十支，可分为遣策和"医书"两部分。其中遣策四百一十支，详尽记载了随葬物品的名称和数量。经与出土实物核对，食品、服饰和各种器具等大体相符对照起来。唯有关车骑、乐舞、僮仆等侍从及所持兵器、仪仗、乐器等未见实物[1]。推测棺壁帛画上所绘的众多车骑和男女侍从、卒吏等，即遣策所指之随葬车骑和明童。不过，帛画并非简单对应遣策所录，而是将其组成了内棺东西壁的两幅画作，其中包括墓主人形象、车骑方阵、步卒方阵、骑从方阵、鼓乐、划船、骑射等复杂场景。

关于东壁帛画的内容，有称当是"誓社"或"耕祠"类的活动[2]。有云："帛画所描绘的场面，应是墓主人生前检阅武士车骑的仪式"[3]。也有人于出行图、仪仗图说之外，另提帛画乃"墓主人缓步升天的出殡图"之说[4]。

至于东壁帛画的讨论，显然不如西壁那么热闹，原因之一是其残损过甚，所知内容甚少，但研究东壁帛画对于确定两壁帛画的性质和意义至关重要。从帛画发现之初，发掘者就以其有房屋建筑、车骑奔马、妇女乘船等内容，认为"可能是墓主人豪华生活的写照"[5]。有的学者指出："帛画可能就是墓主人禁中生活的写实。"[6]也有人认为，"东壁帛画的人物以女性为主，当不是表现利豨本人的活动，而是表现其家族的活动"[7]。

从以上棺壁帛画的分析看，显然大大拓宽了汉代帛画的表现内涵，将关注的重点引向现实生活。应该特别说明的是，像《车马仪仗图》这类题材，在汉代帛画中并非孤例。在1983年发掘的广州第二代南越王墓西耳室中，考古人员就发现有帛画，虽然已残碎，但仍可观察到它是先用白粉在绢面上打一层腻子，然后用红黑两种颜色绘制。林力子根据残片上三角、直线、花瓣的痕迹分析，认为大概类似车轮辐条[8]。刘晓路结合西耳室随葬器物及马王堆3号墓内棺西壁悬挂《车马仪仗图》帛画的情况，估计此处帛画"原来也类似车马仪仗图"[9]。如果此说成立，绘制墓主官宦生活类帛画悬挂墓中，当是汉初具有楚文化遗风的高级贵族墓葬中较为普遍的现象。

不过，只有马王堆3号墓棺壁帛画的出土，才第一次向人们展现出此类帛画的丰富内涵和艺术风貌。

《车马仪仗图》全画构图依据内容的不同而分为几个相对独立的单元。大体说来，纵幅的左侧三分之一画面自上而下为横排的墓主、侍从、鼓乐和步卒图，右侧三分之二画面上为西向的车马方阵，下为北向的骑从方阵，人物众多，物象复杂，但毫无琐碎之感，且内容充实，场面极具气势，尤其是骑从和车马阵摆脱了过去的平列画法与装饰风格，均以俯视的角度描绘。不过，这种全景式俯视法和西方造像式俯视法不同，是地道的中国式的俯瞰式构图，绘画对象层层排列，帛画上方作正面，中景人物与车马多为侧面形象，近景人物及骑从则只描绘背部。这种远、中、近景形象的不同展示和车马骑从自上而下的纵向排列，很好地传达出画面的空间效果。其画面舒展宏大，也足见画工高效率的空间组织才能。画中各方阵的绘制，与秦始皇陵、咸阳杨家湾和徐州狮子山不同战阵的汉兵马俑坑的设置颇为相似，只是后者以坑为单元，前者则聚合众方阵，并在画中绘出墓主，从而构成一幅主从分明、气势恢弘的军阵鼓乐图。较之秦汉兵马俑坑，它显得更具写实性和生动性，墓主与车马仪仗的关系也更为密切。虽然全图以各军阵所占篇幅最大，墓主人仅偏居左上方一角，但通过各军阵和执戟执盾侍从的簇拥与烘托，却赫然成为全画的中心。这种画中主体人物与庞大军阵的紧密结合，显示出画工卓越的设计与表现才能。

全画在表现手法上，完全不同于楚汉满壁风动、神秘气息浓厚的龙凤等形象，而是继承战国以来的写实主义传统，具有鲜明的写实风格。尽管画中人物车马并非现实的真实再现，也不受自然空间透视的制约，绘画题材又威武庄严，但其画风平

图二九　马王堆3号墓《车马仪仗图》（局部）

实、朴拙、自然，传达出甚为浓郁的生活气息与情态。全画人
物集中于左侧，且作上下重层排列（图二九）。大体由于上承
楚漆奁《人物车马图》的传统，画工将帛画人物自上而下做了
正面、正侧面和正背面的不同处理，以显现某种远近关系。所
有人物皆着深衣袍服，简率概括。五官细部虽不求精确，但形
体、动态皆不乏生动可信。墓主虽为正侧面，但从头躯比例到
冠戴、佩剑、花饰与非衣主体人物都颇有相合，又轩昂独行于
前，后有持盖侍者和肃然正立的随从。上下两排卒从虽皆为背
向，头向右侧，只绘出发髻和脸部的弧状轮廓，但也偶有画出
上翘的睫毛者，很是生动传神。有的相邻二人相向对视，仿佛
窃窃私语。两横列中部的醒目位置是由击鼓鸣铎的四人组成的
鼓乐队，其中的建鼓画得特别大，且悬挂珠玉璎珞，彩霓流云

饰体。两侧黑衣鼓手奋臂舞槌，虽然面部不清，但从动态的准确生动、洒脱劲健中不难想像他们击鼓时的忘情和专注，铿锵鼓声伴着响亮清脆的铙铎声，也必定是响彻云天。当然，鼓手的矫捷与鼓声的激越都只是画面"动"的点缀，画工竭力表现的是战阵的肃穆与庄严。车马阵和骑从阵皆以均等的纵横间距布列，占据画面大部，从而使全部帛画笼罩于庞大的军阵氛围中。骑从阵主力皆背对观者，虽形体无大，但因居画之底端，又北向空阔之地，故仍使人感到它的近逼之势。人物造型虽皆为概括整体的静坐马背像，但其雷同与重复恰好加强了整齐划一的军阵阵势。两侧骑从马尾长垂，骑者端然，也是作冷峻肃穆状。车马阵在全图中最为醒目，对于车的图绘，画工并不求其真实性、合理性，除第一横列车轮略作双圈以示二轮外，其余大都以单轮独辕、方格框表示车和车舆。简单率意，几成符号式图形，驭者也仅象征而已，远不如楚《人物车马图》之马车具有实体感，但正因为此，才易于营造整体气势。同样，个体的马也画法稚拙，画工以劲细的线条先勾勒出第一匹马的简单形象，随后再勾出另三马的上部轮廓线，构成均色的驷马。虽然缺乏准确写实表现，但神意已足。而且众多驷马一列排开，驻足不动，整体组合尤显生动真实，宛若现场的车马仪仗图景。其纵横交错、首尾相接的组合，又体现出轪侯车马仪仗的规模与气势。

最后，在帛画右下角有黑衣、黄衣二人，分别作正面和正侧面全身造型。另有二人隐约可见（图三〇）。这四人据观察应为涂抹骑从方阵若干部分后再补画的，身份或为死者及其侍从，更可能为主管轪侯家事的家丞等。从它们所处的位置和高大的形象看，似乎是超然"物"外，与军阵乃至全图主题无

图三〇　马王堆 3 号墓《车马仪仗图》(局部)

关。而按照中国古代艺术中特殊的时空处理法则，这样的安排又是合情合理的。

不过，与仪仗车马注重庄严肃穆和整体气势营造不同，画工们还为我们创作了另一类以表现运动与速度为务的艺术形象，这便是东壁帛画残片《车马游乐图》的奔马。从残存的画面看，这是一队外出狩猎的人马，它们不像《车马仪仗图》那样规矩地在同一地平线上排开，而是前后行进的"道路"为一条下弯的弧线，既表现出一种远近的运动关系，又使画面布局显得较为灵活自由。处于画面最前端的是车马，车轮粗大，辐条稠密，车舆内似有红衣乘者、驭者及车盖，推测红衣乘者当为这队游猎人马的主体。整个车轮、车身与人的比例关系更显得符合生活实际。驾辕的骊马头和前驱已失，但被拉得细长的体腹和粗壮的后腿仍能将马强有力的腾跃体态留驻画间，诸马动态的整齐划一又尤其让人感到其运动的节奏感和规律性。自楚《人物车马图》开启数马并驾绘画样式起，秦汉壁画、帛画对其多有继承，但大多具有概念化、定式化特点，很少对运动中的马的形体与结构有生动、形象的表现。《车马游乐图》用夸张变形手法，栩栩如生地展现出驷马并驾奔驰的身姿与场景，有着很强的艺术感染力。同时，作者还注重运动中的单体马匹与骑者的表现，赋予它们鲜明的个性特征，从而在表现运动感方面冲破战国以来龙飞凤舞的定式化。以画面上突出的墨衣和红衣骑从为例，前者骑驾马勾头引颈、腿蹄紧绷，如离弦之箭，动势充满爆发力与冲击力。黑衣人物上身前倾、阔袍当风，正紧张专注、风驰电掣般疾奔。整个画面人的动态与马的动态和谐统一。后者黑骑躯体剽悍，四蹄匀细，仿佛正跨坡越涧，动态有力而不乏轻快。红衣人物稳坐马背，没有勒缰的紧张和疾风的劲舞，显得悠然潇洒。整个画面形神兼备，颇为生动。在它的前面隐约可见二灰衣骑者，似作前后交谈之状。所有这一切都使得画面更具写实性，更为生活化，反映出作者极强的捕捉与表现生活的能力。正是由于此画的存在，我们得以目睹当时贵族郊野纵驰、紧张热烈的车骑游乐生活，对汉初绘画水平的高度有了新的认识。

（二）3号墓帛书画

帛书画是既不同于覆棺也不同于棺壁帛画性质的另一类帛画。迄今所知，它全部出自于马王堆3号汉墓中。称之为帛书画，一来因为它们与帛书共存，与"书"关系密切，二来它们皆图文并茂，颇具古代"图书"形式。研究此类帛画的优势之

图三一　马王堆 3 号墓《太一避兵图》

一是帛画多有题铭或释文，在分析推断该帛画的主题、性质、内涵等方面有相对可靠的客观依据。在 3 号墓中，除具有较强插图形式的帛画外，独立式的帛书画有六幅。

1.《太一避兵图》

《太一避兵图》长 43.5、宽 45 厘米（图三一）。全图有大小十个单体图像，各像旁附榜题，图右又有总题铭。就图像论，在图正中上部是头生鹿角、周体赤红的神人，两腿作骑乘之态，下有一纵身青龙，头置神人胯下，二者当合为一个主题，即"太一驭龙"，因神像旁有题记"太一将行，何日，神从之，以……"等[10]。龙首又荷日而像驭日羲和，在楚人观念中，太一又是由太阳神发展而来的至上神，因此能以荷日之龙为驾的就唯太一莫属了。

大体以"太一驭龙"为中轴，帛画左右自上而下布列着三层图像，上层左右两侧顶端似有云气，下面分别为雷公、雨师。在周世荣文中左雷公的形象被描绘为"面似猴，头戴幞头，巨眼圆睁，口似鸟喙，着短裙"[11]，但在1992年公布的图片中，除两巨眼外，其余形象皆不可辨，右雨师处除留下一"眼"残迹外，全无形象可觅。中层为四个武弟子，其中右起第一、二人皆头戴山形高冠，短衣，短裳，裸足，瞠目吐舌，两腮须张，右手皆高举挥扬兵器。第一人所执兵器残损。第二人为执剑。第三人造型颇异，头生兽角，面目如兽，高举的右手也形似兽爪，周身裹以裘皮。第四人鹿角鳞身，额际中凹，瞠目鼓腮，两须飞张，体型亦类兽似人，双手持戟状长兵器。下层为形体较大的青黄二龙相向而舞，前爪又分别绘出梨形的"铲"和"容"[12]。据题铭，表现的内容为"黄龙持铲"和"青龙奉容"。

帛画图像具有怪诞神秘色彩，帛画每像旁边的题铭和全图总题铭有助于我们对帛画主题的理解。帛画右侧的全图总题："……□承弓，禹先行。赤包（抱）白包（抱），莫敢我向，百兵莫敢我（当）。□□狂谓不诚，北斗为正。即左右唾，径行毋顾。大一祝曰：某今且行，神从之……"。武弟子图像题记自右至左为"武弟子，百刃毋敢起，独行莫理"、"我□百兵，毋童（动），□禁"、"我戾裘，弓矢毋敢来"，正中太一像除左侧题记外，其腋下还有一醒目的"社"字。由于帛画残损及题铭部分、甚至全部残缺的情况（如雷公、第四武弟子等），给理解铭文带来困难。结合图像，对帛画的命名，周世荣先有《神祇图》说[13]，李零则认为，帛画题记旨在表明太一与社的天、地对应关系，并非二神合一，故帛画应命名为《太一避兵图》[14]。陈松长指出，帛画图像题铭所反映的远较避兵丰富，以"太一将行图"命名较为合适[15]。

上述对帛画命名的争议其实直接源于诸学者对帛画内涵的不同理解。周世荣介绍帛画之初，只是讲到此图"具有辟邪性质"，未及深论。次年初，李学勤在《"兵避太岁戈"新证》中指出：先从图像上考证，"帛书上的太一人形和荆门'兵避太岁戈'的图像颇相类似"。由此推测，"这篇帛书的性质，显然是讲征战的数术，且与'兵避太岁'有关"[16]，而"兵避太岁"就是太岁所在的方位不可用兵征战的意思。同年，李零明确指出总题记和武弟子像题记"显然是以避兵为主要内容，性质应属辟兵图"，并援引《抱朴子·杂应》中有关"禁辟五兵之道"的记载，指出虽史籍中"五兵"多互有歧异，但在属阴阳五行系统的书中多半是矛、戟、剑、盾，并依次以其分配春（东）、夏（南）、秋（西）、冬（北）。对照帛画四个武弟子，自左至右可能代表春（东，刀?）、秋（西，剑）、冬（北，虒裘以避弓矢）、夏（南，戟）。至于太一居北，于五行为水，可避帛画下部二龙捧铲、熨所代表的火象和兵象。

陈松长则认为，作为至上神，太一所主并非仅兵革一事，而是"主使十六龙，知风雨、水旱、兵革、饥馑、疾疫"[17]。在帛画中还与楚之祖先神祝融合一，融祝融之职司于一。帛画四武弟子实即子弹库《楚帛书》乙篇所记祝融麾下四神。它们和诸龙及其题铭与古人驱逐鬼魅的刚卯文辞颇有相同之处。太一铭"社"除"土主斗"意之外，当还有"祈求社神驱逐暑瘅、降以甘霖的功利目的"[18]。总之，帛画所示远较避兵内容宽泛。帛画中太一，有雷公、雨师左右护卫、诸武弟子挥兵开路，铭文中又反复强调了一个"行"字，充分展现了"太一出行"的主题，其出行所为当与驱逐四方鬼物、疾疫乃至旱魔有关。最后，作者又将此帛画的随葬墓中归结为死者魂灵将要出行，祈求太一保佑并引导其安然升天。

综合以上所论，我们认为无论太一具有如何多的职司，在此图中它的"出行"主旨仍是避兵，这一点不仅由总题记中"百兵莫敢我（当）"点明，四武弟子皆披坚执锐、榜题"百刃毋敢起"、"弓矢毋敢来"等，也表明了其鲜明的避兵之意。有关太一主战避兵之说，见于《星经》、《晋书·天文志》、《史记·天官书》等书中。正因为太一战神的性质，它与兵法、兵历等才结下不解之缘，《汉书·艺文志》所录《泰壹兵法》、《隋书·经籍志》所载《黄帝太一兵历》、《太一兵历》等书便是明证。帛画随葬3号墓，笔者以为恐未必有强烈的引魂功用，因为它没有覆棺或悬壁帛画的特殊使用功能和用途，与导魂或护魂似也无关。将它与多达十二万字的各类帛书存放一起，也表明主丧者未将其视作另类特加保存，故而它应是作为墓主图籍之一随葬墓中的。不过，这里随葬此图，倒是再一次证明墓主生前主兵之事，故其才会对此类避兵图特别重视。同样，同墓所出帛书《天文气象杂占》、《刑德》等兵家阴阳之书，也与墓主的军事长官身份有关。

最后，此图以图示为归旨，所绘物象多具示意性，并不追求画技的精深，故整幅画显得朴质简率。

2.《导引图》

《导引图》是我国现存最古的一幅气功图谱，它出自置于

57 号竹笥中的帛书《去（却）谷食气》和《阴阳十一脉灸经》之后。图前没有总名，但从图绘相关题记可知，均为导引术式的图示，遂命名为《导引图》。作为马王堆 3 号墓最早公布的四幅帛画之一，《导引图》出土后即得到学界关注，1979 年文物出版社又影印出版了经过整理复原后的《马王堆汉墓帛画〈导引图〉》，并附《导引图论文集》一册。此后，有关学者又不断结合新资料进行研究，使我们对《导引图》有了相对深入的认识。

所谓导引，实即今人所说的气功，根据《庄子·刻意篇》李颐注，应包括"导气令和"和"引体令柔"两个重要部分，是将呼吸运动和躯体运动相结合的一种医疗体育方法。由于呼吸动作是这一运动过程中的重要环节，因此也被称为"导引行气"或"行气"。

继《导引图》之后，1984 年在江陵张家山又发掘了《引书》竹简[19]。二者不仅向世人展示了汉初的导引术式形象，而且还大大加深了以往对西汉导引术发展历史的认识。比如通过《导引图》中四十四个图式的绘制和《引书》五十七个式的记载，我们知道至少在西汉初年民间导引术式就很流行。与此同时，《导引图》以导引术的图解为特点，《引书》以导引理论与导引术式解说为宗旨，二者结合，又构成相对完备的汉代导引学说体系。总之，其发现为我们了解西汉导引术提供了珍贵的图像和文字资料，而对《引书》的征引阐发，亦有益于我们对《导引图》的理解和把握。

《导引图》以细绢为地，长 100、宽 50 厘米（图三二）。全图共有图像四十四幅，均整齐地分绘成行，上下共四层。每层平列十一个人物，分别表现不同的导引术式，旁边榜题该术

图三二　马王堆 3 号墓《导引图》（局部）

式名称，字数多则五六个，少则一两个。人像除个别持器械运
动外，多为徒手操练。从个体外形看，各图有年龄、性别及裸
露胸背或着衣等的不同，但在导引医疗的目的方面，似无不同
意义。

　　在全部四十四幅图式中，有十七幅的标题文字因残损太甚
无法识别，但每一个图像的运动姿势基本保存，为破译它们的
术式内容提供了可能。沈寿在《西汉帛画〈导引图〉解析》一
文中，便依据图式动态、结合有关文献对所缺题铭斟酌拟补，
并对全部图像一一解析、考订，兼及其源流的考察，有裨于人

们对《导引图》内容的全面认识。

从《导引图》乃至现存汉简、古籍术式命名看，大体遵循三项原则：第一以模仿某些动物动作命名，如凫浴等共十七式。这类术式可能产生最早，且直到华佗时代都是术式中最重要的组成部分，或导源于原始巫仪中巫觋通神时对各种动物动作的模拟。第二，以功用命名，如引腰痛等共十八式。第三，以呼吸或肢体动作要点命名的术式，如捶背等共九式。三类术式中第一、二类为大宗，前者偏重于保健功，后者主要为治疗功，第三类也兼及治疗。由此可见，全部《导引图》反映的是保健功和治疗功，其中又以治疗功为最，这一点与江陵张家山《引书》中所反映的"导引术最主要的用途之一是治疗疾病"恰相吻合[20]。

就《导引图》的价值论，主要在于它图绘并保存了秦汉间导引术式的图像，如熊经、鸟伸等术式，在秦汉古籍中屡屡出现，但它们的动作究竟如何不能确知。《导引图》上的鸟伸为一男子两腿并拢，两臂下垂，昂首弯腰，像鸟一样尽情伸展四肢呼吸空气之态，其他术式大体也可与图名对照晓知一般。由此使我们对当时导引术的面貌有一个形象的认识。当然，由于动作复杂，而图像又简略，仅据《导引图》尚很难理解。有些术式或单凭《引书》说明也无法复原，二者结合方能明了。如折阴的动作是一人作站立状，一足在前，一足在后，右手高举，左手下垂，参之以《引书》说明"前一足，昔（错）手，俯而反钩之"，方知"折阴"的全部动作大体应为人作站立状，双足交替向前跨出一步，同时双手轮换向上举起，然后上身前俯作反钩状[21]。

应该指出，由于图之过略，当时的很多术式仍不能完整地在图中展现，如"熊经"本应是由若干单个动作连贯而成的一组导引术式，按《引书》说明，具体运用时要连做三次，而《导引图》41"熊经"仅绘一图，作一男子双腿分立、身体略弓、双臂微曲状，或是对熊慢行攀爬之态的模仿。不过，熊经图的发现，对于研究此后的同类题材仍具有启迪意义，如沈从文就是以《导引图》熊经图的发现为契机，对当时所见的若干文物图像做出了全新的解释。他指出，1964 年出土于河北保定 122 号西汉墓中的金银错车器上的所谓"畋猎图"，实际应为六幅熊经图[22]。在两汉青铜酒樽、空心砖和漆器上，亦多见各种刻绘的熊图。

综上所论，《导引图》及同时代之《引书》所反映出的西汉导引术，已经是一种比较完整的治病、养生术。其中《导引图》作为导引术的具体运用，形象地展示了汉初导引术式的阵容和特点，为我国早期医疗保健和体育运动史的研究提供了珍贵的资料。

《导引图》作为一种"图"书，本来主要是为导引术式做图解，但画工并未将其处理成程式化图式，而是投入相当的创作，使作品充满浓郁的艺术气息。图中人物大都没有细部刻画，对人体结构也不做精确表现，而是注重动态变化，尤其是依据各导引术之要旨、以极其典型的造型动作，简洁、清晰地反映出该导引术的内涵。因此，图中人物动感十足，造型区别显著，举手投足既有拙稚夸张之态，又不乏生动有趣之感。人物面貌表现也丰富多姿，不仅有性别、年龄、体态之别，还有冠戴装束的差异，反映出画工对生活敏锐的观察力和丰富的表现力。从这个角度讲，《导引图》也是一幅汉代的风俗画，它在一定程度上展现了汉代人们的物质与精神风貌，具有浓郁的生活气息。在表现手法上，画工采用当时惯常的以线造型、平涂色块的方法，线描极为洗练、概括乃至精率，人物形象却异常鲜活生动。

3.《天文气象杂占》

世界文明古国对天文历法的关注是共同的，这其中又以中国尤为突出。李约瑟在《中国科学技术史》第四卷"天学"中，就曾高度评价中国古天文学。他指出："中国人在阿拉伯人以前，是全世界最坚毅、最精确的天文观测者……在很长一段时间（约自公元前5～公元10世纪），几乎只有中国的记事可供利用，现代天文学在许多场合（例如对彗星，特别是哈雷彗星重复出现的记载），都曾求助于中国的天象记事，并得到良好的结果。"[23]当然，应该承认，无论中外，对于天象的观测与记录，往往都与远古的通天巫术或占星术混同。

马王堆3号墓发现的《天文气象杂占》便是迄今所见较为完整化、体系化的一种以云气、彗星占验吉凶的"图"书，具有图文并茂且以图为主的特点。全幅长150、宽48厘米。除下半幅末尾一段为墨写，有文无图，"可能是同性质的另一本占书"外[24]，全幅帛书从上而下分为六横列，每列自右至左分为若干行，共约三百行。每行多为上图下文，上绘图像，下书简单的名称，或解释，或占文，构成一个占条。由于帛书原件无标题，而占验所根据的对象又是云、气、星等天文星象，故帛书发现后名之以《天文气象杂占》（图三三、三四）。

根据顾铁符的研究[25]，《天文气象杂占》占文，除了"贤人动"、"邦有女丧"、"有使至"等一小部分关系邦国事务外，其余都是"客胜"、"主败"、"兵兴"、"军疲"、"城拔"、"邦亡"、"益地"、"失地"等关于军事方面的。因此，它与马王堆

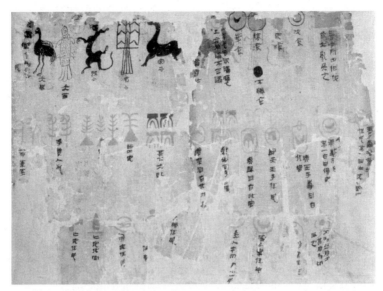

图三三　马王堆 3 号墓《天文气象杂占》中的"云"占图（局部）

图三四　马王堆 3 号墓《天文气象杂占》中的"气"占图（局部）

3号墓同出的《刑德》等帛书一样，都是属于兵家阴阳性质的书[26]。此类书在列国纷争时代是很流行的，传抄时代至迟也不晚于西汉最初的几年。因为书中邦、邦君屡有出现，并不避汉高祖讳；书体虽已为隶书，但篆书意味浓厚；书中没有晋云，却有韩、赵、魏云和越云等，尤其是后者明确标示出此书应成书于"三家分晋"之后、楚灭越国之前。至于帛书作者，根据它不依多种天文志和占书中从韩云开始而独列楚云第一及书中往往以楚人口气叙事等情况分析，当出自战国楚人之手。此外，书中明确写道一些材料引自"任氏"、"北宫"、"赵"等星占家，表明此书可能具有汇编性质。

《天文气象杂占》，顾名思义包括天文占、气象占等内容，其中以气象占为主。所占篇幅最大的是占气，其次是云，天文范围内的彗及个别的星所占比例最小。但因古代天文、气象并无严格区分，或可将天象纳入天文，或可二者合一称作天象。帛书现存的二百五十种图像，就是根据无数占星家的直接观测，或是援引间接材料，甚至凭空想像绘制而成的二百五十种不同的天象。

由于在古代中国体验世界中，云气之象与众星之象具有同等的意义，都表现着人间事务，负载着人类的体验，而且云气较众星更为变幻莫测，且昼夜都可观望，故在先秦、两汉，云气似更为所重。在《天文气象杂占》的云、气、星三部分内容中，云为开篇或即表明这一点。在帛书的第一、二列开头共绘有十四国或族的"云"，有的标明是云，有的没有注明，但所画的那些动物、植物以及各种器物，大抵都是代表云的形状的。《吕氏春秋·明理》中，曾有"其云状有若犬若马若白鹄若众车"的记载，表明先秦云占的存在。在《晋书·天文志》中更是系统地写道："韩云如布，赵云如牛，楚云如日，宋云如车，鲁云如马，卫云如犬，周云如车轮，秦云如行人，魏云如鼠，郑云如绛衣，越云如龙，蜀云如困。"虽然其中所列国名、族名与帛书不尽相同，数量也不及帛书多，但从中可见古人有将云的形状拟之以动物和诸般事物的做法。古代占星家观测天空浮云，并根据它的瞬间状态对应地上的邦国或族群，提出了各国云的说法，并用来占验各国命运吉凶、战争胜负。《天文气象杂占》中的楚云、赵云、中山云、燕云、秦云、戎云、宋云、越云、齐云、韩云、魏云、卫云等十四国云，就是这一观念的产物。《中国文物》1979 年第 1 期公布了帛书《天文气象杂占》的全部影印件以及由国家文物局古文献研究室整理、注释的杂占占辞的全部释文，有利于对这一帛书进行深入研究。但仅就十四国云的图像和占辞释文而言，论者则不多，在此我们仅就《马王堆汉墓文物》一书中发表的若干彩图，简略比较一二。列于首位的楚云画作圆形，赵云是一个作奔走状的动物，头生鬣角，或兽身、四足、长尾，秦云作一人像，一腿略屈，一臂前伸，正分别与上述所引《晋书》中的"楚云如日"、"赵云如牛"、"秦人如行人"、"赵云如龙"等相契合。虽然该书所引为何地占书已不能详，但这种契合似乎表明，在先秦占星家那里，各国云的造型已相对固定，并在一定的范围内得到认同。另外，还有若干动物，形象类犬似豕，象鹿如马，皆为怪异神兽。有些为诸国云，也有些是主成败的占物，如"鱼"主"大雨"，"凤"主"大风"，都是以其谐音主气候的表现。

在诸国云之后，表现了"气"，其中除少量以树木和无名物代表蜃气和单虹、双虹各两条外，大量的是晕，在帛书上占据了第二列中部至第五列的篇幅。遗憾的是处于第三、四列者残损甚重，或有图无文，或有文无图。由于晕是日月光线通过卷层云时受到冰晶的折射或反射而形成的，所以帛书晕的图像大多是先画出太阳或月亮，再在旁边加上圆圈或各种线条。结合占辞，在残存的约半数的图像中，就可区别出包括提（内晕之一种）、假月、假日环等在内的众多奇异的不同种类的晕，也不难找出许多与《周礼》和某些正史的天文志中所说的十煇以及《开元占经》、《乙巳占》等书里的日月傍气相契合的图，可见帛书"气"的图文价值之珍贵。

星是帛书图文的第三项内容，除处在第二列的月掩星即星蚀三条和彗星前后有恒星天蝎座和北斗七星，分别用以说明荧惑与云气外，最重要的是彗星。它们皆位于第六列中部，包括各种彗星图共二十九条，其中除一条磨灭、一条图像不清外，其余都很完整，是二百五十幅帛画中排列最整齐、资料最完整的部分。

彗星，我国俗称"扫帚星"，古代又视其为"妖星"，其实它与地球一样，是太阳系的成员之一，运行较有规律[27]。

我国人民很早就开始观测彗星了，先秦史籍已屡见彗星文字记录。《史记·六国年表》所记公元前467年彗星更有可能是中国对哈雷彗星的第一次观测记录[28]。至于手绘彗星图，以前只有清代钦天监有存，李约瑟编"天学"引用的也是朝鲜弘文馆保存的1664年绘彗星图，时代都很晚。《天文气象杂占》彗星图的发现表明，至迟在公元前二三世纪，我国星象学家就已通过绘制图像记录彗星的形态了，这在世界天文史上无疑是个奇迹。作为迄今我国乃至世界所见最古老的彗星图，它发现初期便引起文字学家、考古学家、古天文史家的高度重视，不仅对有关占文反复考释[29]，对于图像也多次摹写求正[30]，使我们对彗星图能获得较为全面深入的认识。

根据研究，二十九幅彗星图皆有名称，除去相互重复者外[31]，共得星名十八个。它们绝大多数是以与彗尾形态类似的植物命名的，如蒲彗、蒿彗等等，其中半数以上未见于其他古代文献。这一方面可能是因为星占体系的不同，另一方面也可能是此类质朴而非神秘性的早期名称日益为后起的有如"天罚"、"天吊"、"天丧"类含有祸福吉凶意味的名称所取代的缘故。彗星的结构大都包括彗头、彗尾两部分，但由于彗尾或彗头形态的差异而表现出变化多样的彗星形态。从彗头看，有的呈圆形，有的呈三角形。在圆形彗头中，有的为圆点，有的为圆圈，有的为大圆圈套小圆圈。从彗尾看，有粗细之分，弯曲之分，带芒刺和无芒刺之分，又有单尾、双尾、多尾、无尾和反尾之别。根据王胜利的分析，二十九幅彗星图中的十幅由星占家北宫所绘，其特点是对彗尾形态上的微小差别观测得比较仔细，对彗头的形态观测相对粗略。其余十九幅彗星因非北宫所绘，特征与之有别，如不仅注意彗尾的不同，对彗头也观测表现较细，甚至对彗尾插入彗头中形成的结构的不同也描绘仔细[32]。至于彗星图所达到的科学高度，顾铁符、席泽宗等都曾论及[33]。这一切都有力证明，早在《天文气象杂占》帛书时代，我国星象家对彗星的形成、种类、特征、形态等方面的知识以及对彗星形象的科学描绘都已达到相当高的水平，充分显示出其对于中国乃至世界古代天文学研究所具有的科学价值。

4.《丧服图》

《丧服图》是一幅以图为主，形象说明古代服丧之礼的帛书图。全图作纵长方形，长 26.2、宽 48.4 厘米。图之最上方为红色伞盖，宽 18.5、高 3.6 厘米。伞盖正下方自上而下呈菱形状排列着十九个正方形色块，若加上残缺部分，实为二十三块。其中左侧第二竖列五块为朱色，第一竖列可能也为朱色，余皆为黑色。诸色块间以墨线串连，连接方式类似家族系表。伞盖下左右两侧各有一段文字，右边为两竖行，字体相对较大，篆体，内容为"三年丧，属服廿五月而毕"。左边文字共四竖行，为带浓厚篆体风格的隶书，内容为"行其年者，父，斩衰，十三月而毕。祖父、伯父、昆弟之子孙、姑、姊、妹、女子子，皆齐衰，九月而毕。箸大功者皆七月。小功、缌绖皆如箸（著）"[34]。可见，全图在于以文字和图形的形式记录服丧之礼，遂命名为《丧服图》（图三五）。

马王堆 3 号墓发掘之初并未见《丧服图》出土的报道，直到 1981 年，周世荣才在《略谈马王堆出土的帛书竹简》一文中，简略介绍了这一作品[35]。1992 年，《马王堆汉墓文物》公布了经整理修复的《丧服图》，人们始得以知其图像大略，但对其内涵、题记和图绘形式仍所知甚少。1994 年，曹学群发表《马王堆汉墓〈丧服图〉简论》[36]，成为首篇也是迄今唯一一篇有关《丧服图》的专论，借助曹氏的研究，我们对于此图有了一些认识。

第一，伞盖下左右两侧文字表述了秦汉间的服丧之制。中国古代服丧之制，始制于周公，经孔子隶定之后遂成为儒家礼仪的重要组成部分之一。《仪礼·丧服》记载丧服由重而轻，有斩衰、齐衰、大功、小功、缌麻之分；居丧年月由重而轻，有三年、期年、九月、七月、五月、三月等之别。其中斩衰三年，为先秦丧服之礼的最高规格，子为父、诸侯为天子、臣为君皆以此为准。对照《丧服图》文字，左边从"行其年者，父，

图三五　马王堆 3 号墓《丧服图》

斩衰"至末尾，讲的全是为父亲及父系党亲属服丧的规制，其
中至尊之礼是父行斩衰其（即期）年丧，但又写明实际行十三
月而毕。与之相对的右侧书"三年丧，属服"（实际服丧二十
五月而毕），虽服丧对象未明，但以大字书之，又独居右列，
表明所具有的独重地位。又因为左文的存在，排除了子为父服

丧三年的可能性，故这里的三年丧理应是臣为君所服。由此，君臣、父党一系的复杂丧制便简单明了地表现出来了。不过，这样的丧制与先秦丧制相较，显然是既有联系又有区别。它反映的应是秦汉间的丧服之制。

我们知道，秦朝和汉初是儒家文化低落时期，各种礼制悉率意而行。就这一时期的丧服制而论，较为详尽的记述见诸《晋书·礼制》篇中："秦燔书籍，率意而行，亢上抑下。汉祖草创，因而不革，乃至率天下皆终重服，旦夕衰临，经罹寒暑，禁塞嫁聚饮酒食肉，制不称情。是以孝文遗诏，殓毕便葬，葬毕制红禫之除。"而自汉文帝短丧之诏下，大臣不行三年丧遂为成例。由此可见，先秦与两汉丧制有很大不同，二者以汉文帝革丧礼之制为界，文帝以降丧礼为轻，尤以文帝崩国内仅服三日最具典型意义。而此前的先秦、秦与汉初则具"独重"特点，即所谓"亢上抑下"、"天下重服"。《丧服图》中独天子享三年之丧，父丧却改作期年，其他亲属居丧期也相应较短，正印证了《晋书》的记述。

第二，有关图像的意义。帛画全部图像可分两大部分，即上部的华盖和下部的方形色块，这与《丧服图》中左右两段文字当有联系。曹学群以为上部大华盖，"很可能是代表汉王朝"。伞盖下诸方形色块则应是帛书左侧题记的图示。结合这些方形色块纵横系连共同组成一个大菱形和左侧题记服丧对象仅限父系的情况，它们应属墓主父系亲属丧服图。至于诸赤、墨色块所代表的墓主父系亲属及其相互关系，曹学群曾结合明清家谱资料进行研究，指出方格间的墨线表示父子（女）间的从出关系，左侧两竖列为父党系亲属中的女性亲属及其子女，故填红色以示区别。图中所缺方块及诸方块所代表的墓主五服内父系的诸亲属，曹氏也依据明清家族丧服图表复原与说明，并以此表作为研究轪侯家族历史、家庭、人口、亲属等问题的依据。中国古代家族内部关系的亲疏素以"五服"论，西周宗法制中的天子、诸侯、大夫、士、庶人正是后世家族"五服"制之肇始。经过这种一代代的延伸，即便祖上贵为天子，出了"五服"也是平民百姓了，其间的亲属关系就过为疏远了。先秦丧服制大体便是以"五服"内亲属为服丧对象的，帛书《丧服图》的出土不仅表明秦汉间的服丧对象仍以"五服"为限，而且还以形象的图示表现了"五服"间的亲疏关系，为五服内的居丧之制提供图示依据。此外，如果帛书《丧服图》仅为马王堆 3 号墓墓主特制，我们推测当时很可能已通行此类家族丧服之礼的"图书"。

5.《城邑图》

迄今所知，马王堆 3 号墓帛书中至少发现四幅地图，即《驻军图》、《地形图》、轪侯《小城图》和临湘《城邑图》。它们分别为舆地、军阵、都市宫寝类地图，恰恰涵盖了秦汉地图的三大种类，标志着当时制图已有长足的发展。其中《地形图》和《驻军图》以纯粹图示地形、驻防为主旨，《小城图》以图示并标注建筑尺寸为特色，二者都以图的实用性为重，对我国地图学史和都市宫寝规划与设计的发展有重要意义。尤其是前者，作为世界上迄今所能见到的最古老的实测绘制的地图，无论是其测绘的准确性，还是其制图原则、地图符号等的设计方面都达到了相当高的水平，极大地丰富了世界地图学史资料。但因为这一切更多地涉及地理学、制图学方面的内容，这里就暂且不论了。

而《城邑图》作为当时都市宫寝图的一种，除具有一定图示意义外，还具有一定的绘画性。此图为一长 52、宽 52.5 厘米的正方形帛画，内中绘城垣、街道、城堡、亭阁等，发现之初被称为"街坊图"，后来傅举有认为它"是墓主禁中诸宫图"[37]。1989 年，傅氏又改称为《城邑图》[38]，指出"图中所绘也许是西汉初年的临湘城。这是中国现存最早的城市图"[39]。

　　从《城邑图》的复原图看，实是一幅城邑及其郊外的略图，其中城邑部分位于全图南部，似有宫城、郭城之分。整个宫城作横长方形，从郭城西北角尚能见到的两个城楼看，城垣周围应有多处城楼设置。郭城西半部除有街道外，建筑很少，东半部则另筑宫城。西城垣似有三门，东、北城垣亦有城门或城堡。城内南端涂绘多处红色方块，可能表示毗连的宫室。城北另有墨线长方形多处，可能为依城垣而建的廊屋。中、北部广大地区除正中一处屋宇宽阔外，其余错落有致的亭台楼阁多精巧玲珑，颇具园林色彩。若如诸家所说《城邑图》乃汉初临湘城的话，这大郭城可能即临湘之城，小宫城则应为长沙国王所居之城。考古发现的汉代城邑遗址遍及全国各地，但汉之临湘城尚不在其中。黄盛璋、钮仲勋据文献考察认为，相传吴芮所筑的临湘城即唐、五代之长沙城，也基本上是明清长沙城的南半城，从大西门至小吴门划线为界，形状近乎正方[40]，这为了解汉临湘城提供了一定的参考。

　　《城邑图》东南一角和北部广大地区可视为临湘城郊图，一片荒凉景象，唯北部正中略东有图绘留存。有学者描述为："上部偏右为山区，山丘上绘有墓坑、塘状图形，并书尺寸。"[41]细辨帛画，不见池塘形和所标尺寸，山和墓葬则异常醒目。从勾勒出的山形外轮廓不甚规则，上涂参差的平行线以

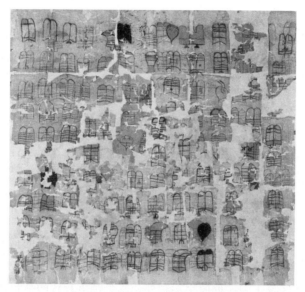

图三六　马王堆3号墓《卦象图》

表现山的实体看，与《驻军图》中对山的绘制方法相同。山上画出作凸字形的墓葬平面图，意在表示山中墓葬。虽然墓形与马王堆汉墓相同，我们并不认为它即墓主之墓，因为据研究马王堆汉墓是位于汉临湘城的东郊而非南郊[42]，因此图中墓葬可能只是对当时郊外墓葬的一般示意，不具有特指意义。

6.《卦象图》

《卦象图》长48、宽51.5厘米（图三六）。由于折叠埋葬所造成的相互浸染，现今图上留有较多浓淡交错的墨迹。尽管如此，仍然可以辨出原图自上而下分作十行，规整排列着众多图形，若以每行十二个计，共一百二十个。这些图形皆以墨线勾勒，有些再填以朱、墨，造型除若干"心"形外，大多看似两扇开窗子，但内部细节无一完全相同。它们究竟意义如何，长期以来学界无人研究。《马王堆汉墓文物》作者称："图像其意不明，但因与占卜用的卦具有相似之处，故暂名之《卦象图》。"[43]的确，作为卦象，每一个圆圈、弧线、横线、直线或一个"心"形符号都有其特别的意旨，没有文字解说。它的神秘意义就随同主占者而逝，成为不解之谜。刘晓路根据每行约十二个卦象的布列，提出这"可能象征是十二个月"，再结合图中有一个篆书"年"字，认为《卦象图》"也许是占月祈年的图谱"，是"今存最早的祈年图谱"[44]。若果真如此，《卦象图》当与祈年习俗有关。据《诗经·大雅·云汉》云："祈年孔夙"，可知至迟西周时已有祈年之俗，故郑玄于此诗下笺曰："我祈丰年甚早"。随着封建社会的发展，农业成为朝廷的支柱经济，与人民生活也息息相关，祈年之风更会盛行。《卦象图》也许就是当时人们为祈丰年占卜留下的种种卦象。

综上所述，马王堆汉墓帛书画内容丰富，形式多样。它们均出自3号墓东边箱57号漆箱内，其中《太一避兵图》、《导引图》、《天文气象杂占》、《卦象图》、《丧服图》等，与《老子》甲乙本、《黄帝四经》、《周易》及卷后古佚书、《思孟五行》、《刑德》、《阴阳五行》甲乙篇、《相马经》、《五星占》、《战国纵横家书》、《春秋事语》及数幅地图和众多医学类古文献等帛书一起，展现了汉初内涵丰富的黄老之学的风貌，被视为"西汉初期道家学说的资料汇编"[45]。如此众多学科的古文献集中随葬于3号墓中，可能反映出墓主对黄老的酷爱。也有学者强调："这批帛书本来就是一个有机的整体"[46]，甚至它就是"类似于秦丞相府图籍的长沙相府图籍"[47]。如要再从随葬的《丧服图》及四幅帛图等与墓主本人有着尤为密切的关系上看，或可更确切地说，这些帛书画是身兼长沙军政要职的墓主个人的藏书。它对研究汉初作为异姓诸侯国长沙国的存在和历史地位以及整个西汉早期思想文化面貌，都是极有价值的。

注　释

[1] 参见邱东联《楚墓中人殉与俑葬及其关系初探》，《江汉考古》1996 年第 1 期；陈松长《马王堆三号汉墓木牍散论》，《文物》1994 年第 6 期。

[2] 金维诺《谈长沙马王堆三号汉墓帛画》，《文物》1974 年第 11 期。

[3] 陈慰民《丰富多彩的西汉帛画》，《湖南日报》1974 年 11 月 10 日。

[4] 陈松长《马王堆三号汉墓"车马仪仗图"帛画试说》。

[5] 《长沙马王堆二、三号汉墓发掘简报》，《文物》1974 年第 7 期。

[6] 傅举有《关于长沙马王堆三号汉墓的墓主问题》，《考古》1983 年第 2 期。

[7] 刘晓路《帛画俑：马王堆 3 号墓东西壁帛画的性质和主题》，《考古》1995 年第 10 期。

[8] 林力子《西汉南越国美术略记》，《美术史论》1991 年第 4 期。

[9] 刘晓路《中国帛画》，第 22 页。

[10] 陈松长《马王堆汉墓帛画"神祇图"辨正》，《江汉考古》1993 年第 1 期。

[11] 周世荣《马王堆汉墓的"神祇图"帛画》，《考古》1990 年第 10 期。

[12] "容"字，周世荣最早释"容"，后又改释为"熨"，认为"熨"为火器，李零取其后说，亦释为"熨"，以为它是火象，与辟火、辟兵有关。陈松长细验原件，认为仍是"容"字，并指出此"容"乃应作水器解，与"炉"相对，一水一火，表现龙主天下水旱之事。

[13] 同 [11]。

[14] 李零《马王堆汉墓的"神祇图"应属辟兵图》，《考古》1990 年第 10 期。连劭名撰文，虽未就命名展开争论，但却特别强调："在南方楚文化中，太一与社神具有特殊联系"，并指出，阜阳汉汝阴侯墓所出《太乙九宫式盘》记九数方位，同于后世所传"洛书"，即"戴九履一，左三右七，二四为肩，六八为足"，一位于正北方，代表地位。参见《马王堆帛画〈太一避兵图〉与南方楚墓中的镇墓神》，《江汉考古》1993 年第 1 期。

[15] 陈松长《马王堆汉墓帛画"神祇图"辩正》，《江汉考古》1993 年第 1 期。

[16] 李学勤《"兵避太岁戈"新证》，《江汉考古》1991 年第 2 期；李家浩《记"兵避太岁戈"》，《出土文献研究》，文物出版社 1985 年版；《马王堆汉墓"神祇图"应属避兵图》，《考古》1991 年第 10 期。

[17] 《史记·天官书》"太一"条云："太一一星次天一南，亦天帝之神，主使十六龙，知风雨、水旱、兵革、饥馑、疾疫。"

[18] 有关祈雨之大雩仪，《后汉书·礼仪》云："其旱也，公卿官长以次行雩礼求雨。闭诸阳，衣皂，兴土龙，立土人舞僮二佾，七日一变为故事。"又据诸古文献，大雩祭礼颇有不同，但主要者都有童男女舞而呼雩和兴大小土龙之事，刘昭注云：《新语》曰："刘歆致雨，具作土龙，吹律，及诸方术，无不备设。谭问：'求雨所以为土龙，何也？'曰：'龙见者，辄有风雨兴起以迎送之，故缘其象类而为之。'"裘锡圭《说卜辞的焚巫尪与作土龙》一文中指出，卜辞中已有作土龙以求雨的记载。《甲骨文与殷商史》，上海古籍出版社 1983 年版。最近，王建纬也撰文，多引甲骨卜辞资料，论述商代已有在田中做"土龙"求雨和求雨酬神的《龙舞》的出现。参见王建纬《〈龙舞〉原始——兼论〈雩舞〉的起源》，《四川文物》2000 年第 1 期。

[19] 张家山汉简整理小组《张家山汉简〈引书〉释文》，《文物》1990 年第 10 期。

[20] 彭浩《〈导引图〉与〈引书〉》，《马王堆汉墓研究文集》，1993 年版。

[21] 同［20］。

[22] 参见沈从文《说〈熊经〉》，《中国文化》1990 年第 2 期。

[23] 李约瑟《中国科学技术史》第四卷"天学"，第 3 页。

[24] 顾铁符《马王堆帛书〈天文气象杂占〉内容简述》，《文物》1978 年第 2 期。

[25] 同［23］。

[26] 明代茅元仪广采历代军事书籍两千余种，撰辑成《武备志》二百四十卷，共分五门，其一即"占度载"。其中的"占"载即记天文气象与用兵之关系，为古律书及兵阴阳之遗绪，内容包括日、月、星、云气占，还有风雨、蒙雾、蜺霓、霞、雨雹、雷电、霜露、冰雪诸占。参见《中国兵书集成》第 33 册《武备志》第七册，解放军出版社、辽沈书社 1989 年明天启刻本影印版。

[27] 马王堆《五十二病方》中有"喷者虞喷，上如彗星"的说法（《马王堆汉墓帛书》肆），充分显示了我国在汉代对彗星认识已达到相当科学的程度。

[28] 同［23］，第 628 页。

[29] 参见席泽宗《马王堆汉墓帛书中的彗星图》，《文物》1978 年第 2 期；《中国文物》1979 年第 1 期《天文气象杂占》全部释文，文物出版社 1979 年版；陈奇猷《马王堆汉墓帛书彗星图试释》，《上海博物馆集刊》第三期，1986

年；王胜利《帛书〈天文气象杂占〉中的彗星图占新考》，《马王堆汉墓研究文集》。

[30] 彗星图摹本始见于席泽宗《马王堆汉墓帛书中的彗星图》中（此文收录于1978 年上海科学技术出版社出版的《科技史文集》中），1993 年王胜利发表《帛书〈天文气象杂占〉中的彗星图占新考》，文中附王氏新摹，更符合原件面貌。

[31] 王胜利认为，彗星中有八对名称相同，但彗星形态却没有一对是完全相同的，出现这个现象是因为它们的名称是由不同的星占家所命名的。在二十九个彗星中，有十个彗星名及占辞出自占星家北宫之手，可称之为"北宫系统"，余十九个为佚名，可视为"非北宫系统"。

[32] 王胜利《帛书〈天文气象杂占〉中的彗星图占新考》，《马王堆汉墓研究文集》。

[33] 席泽宗《马王堆汉墓帛书中的彗星图》，《文物》1978 年第 2 期；顾铁符《马王堆帛书〈天文气象杂占〉内容简述》，《文物》1978 年第 2 期。

[34] 参见陈松长《马王堆三号墓主的再认识》。

[35] 周世荣《略谈马王堆出土的帛书竹简》，《马王堆医书研究专刊》第 2 辑，1981 年版。

[36] 曹学群《马王堆汉墓〈丧服图〉简论》，《湖南考古辑刊》第 6 辑，1994 年。

[37] 晓菡《长沙马王堆汉墓帛书概述》，《文物》1974 年第 9 期；傅举有《关于马王堆三号汉墓的墓主问题》，《考古》1983 年第 2 期。

[38] 傅举有《长沙马王堆汉墓研究综述》（上），《求索》1989 年第 2 期。

[39] 傅举有、陈松长主编《马王堆汉墓文物》，第 153 页。

[40] 黄盛璋、钮仲勋《有关长沙马王堆汉墓的历史地理问题》，《文物》1972 年第 9 期。

[41] 刘晓路《从马王堆 3 号墓出土地图看墓主官职》，《文物》1994 年第 6 期。

[42] 参见黄盛璋、钮仲勋《有关长沙马王堆汉墓的历史地理问题》。刘晓路《中国帛画》第 82 页讲到，此图以往出版时均错置 90 度，造成方位错乱，但未讲明其正确的帛画放置方位以什么为依据。我们认为帛画大部分建筑的伫立方向应该是判断整个帛画方向的根据之一，由此则习见的帛画放置方向没有错误。另外，帛画上端凸形墓墓道朝下与马王堆等汉墓墓道均位于墓坑北面正中的做法相一致，也表明帛画习见的摆放方向是对的，也即帛画方向与地图一样是以上为南、以下为北的。

[43] 傅举有、陈松长主编《马王堆汉墓文物》，第 162 页。

[44] 同 [9]，第 69 页。

[45] 同 [43]。

[46] 同 [43]。

[47] 同 [41]。

结束语

帛画是迄今所知中国最早的以绢为本的古代画作,虽然已经发现的成幅的独立作品尚不足二十幅,但在 20 世纪众多的考古发现中却具有极为重要的意义。尤其是以马王堆 1 号汉墓帛画为代表的汉代帛画的发现,不仅第一次向世人展现出汉代绢帛绘画的宏大规制和精湛技艺,而且也第一次使我们认识到其中的丰富内涵,极大地促进了学界对古代帛画的关注与探求。

当然,由于种种原因,帛画研究还存在不少问题,它影响了我们对古代帛画全面深入的认识,也限制了我们的学术研究视野。在今后的帛画研究中,大体应注意以下几个方面的问题。

首先,应关注有关古代帛画的源流、发展历史以及分布范围等方面的研究。迄今所知我国最早的帛画发现于战国楚地,但从其材质选用、使用功能到表现主题和绘画技法看,都已初成定制。因此,帛画的产生应早于战国时期。虽然在殷商墓葬中已发现布帛彩绘,但其与作为魂幡使用的战国帛画毕竟还有不同,它们之间的关系究竟如何尚无法确知。此外,鉴于丝帛在史前、三代时期广泛用于"神事"的特点,战国时期以绢为本制作魂幡亦很可能发端于此,这从魂幡是可以彰显死者"神明"的旌幡这一点已可看出。至于魂幡最终覆于棺盖之上更明确显示出其在当时丧葬巫仪过程中的"神用"特点。总之,有关帛画的源起等问题,学界以往的讨论很少涉及,当引起今后的重视。

　　由于楚汉帛画资料的不断丰富，到目前为止我们已可大体勾勒出古代帛画从魂幡、仙幡到铭旌的发展轨迹，但其间具体的演进过程尚不很清晰，显然存在缺环。比如临沂帛画和武威铭旌各自的性质及其制作特点都有较大的不同，二者不大可能直接相承，其间究竟如何发展，尚有待考古资料的新发现。又如有关古代帛画尤其是覆棺类帛画"流"的问题，学界过去几乎未曾涉及，原因之一也是缺乏考古资料。近年，有甘肃高台骆驼城西晋元康元年墓中发现彩帛墓志的报道。从该墓志材质及其覆棺使用等情况分析，可能上承东汉武威铭旌，但从外形、上书死者年月、故里等的书写体例看，似又下接墓志，故发现者称之为"彩书墓志"。这是迄今所见唯一一件可能昭示武威铭旌发展去向的考古实物，将其视为探讨古代帛画发展流向的参考之一虽无不可，但要想深入探究这一问题，显然还需要这方面考古实物的进一步充实。

　　根据研究，迄今所见的古代帛画大体可分为覆棺帛画、棺壁帛画和帛书画三大类，其中覆棺帛画为古代帛画之大宗，集中发现于湖南长沙、湖北江陵、山东临沂和甘肃武威四地。由于临沂战国后期和西汉前期多属楚文化圈，武威铭旌墓主又被有的学者视为楚地故人，因此帛画与楚文化有着密切关系甚至就是楚地的产物这一观点在学界长期存在。但事实上对于楚地多发现帛画的情况，学者也有关注，认为与这里特殊的墓葬营筑带来的相对较好的密封条件有很大关系。而从"三礼"等文献记述看，中原北方广大地区有着完备的魂魄信仰观念和丧葬巫仪活动，其使用助丧帛画的情况亦当存在，只是因为中原墓葬不易保存纤维质的丝帛而迄今未能发现。而地处岭南的广州，北及东北的吉林都有帛画发现的事实，更可能反映出使用帛画助丧乃是古代中国南北各地魂魄观念和丧葬仪礼一脉相承的习俗。当然，进一步的深入研究，同样有待新资料的发现。

其次，深化与加强对古代帛画思想信仰体系的研究。古代帛画无疑是以一种物质形态存在，但却更多地反映了先民精神文化与内涵。以覆棺帛画为例，就是当时人们魂魄观、神鬼信仰等在丧葬习俗中的典型表现。在以往的研究中，学界已充分注意到了帛画所具有的或招魂入魄或引魂升天的功用，并进一步将两种巫术仪式综合观察，指出招魂入魄与引魂升天实为先秦两汉丧葬仪式中两个前后相承的有机组成部分。帛画自身并非招魂仪典的招具，而仅是死者的魂像。它先悬于灵堂、复导魂入圹并最后覆于棺上，以象征死者的魂魄两合，从而为亡灵最终升天提供条件。其中将魂幡覆于棺上的做法，客观上有"明柩"作用，并成为后世铭旌的先导。这种理解虽在逻辑上合理，但尚缺乏系统完整的文献资料和可资参考的民族学、民俗学资料。又如马王堆汉墓 T 形帛画的天地神话，以往学界讨论最多，观点也最歧异，究其原因实与我国古代文献浩繁、学者们各自论有所出有关。因此讨论这样的问题，可能一是需要考虑方法论的问题，二是要撇开帛画中神话物象的表象，探讨隐藏其后的宇宙结构、天地观念等深层意识领域的问题。同样的问题也存在于对马王堆 3 号汉墓所出若干帛书画的研究中。

再次，加强多学科综合研究，尤其应注重帛画古文字与图像学的研究，扩大帛画民族学、民俗学的研究视野。比如战国楚《帛书十二月神图》是一件图文并茂之作，由于数十年古文字学家的不懈努力，解决了文字部分的释读问题，从而为全面认识帛书中的图像提供了帮助，可视作帛画图文研究的典范。但对马王堆3号汉墓所出帛书画的研究就相对开展不多。如《天文气象杂占》中的云、气、彗星占等，悉属古代兵家阴阳之术，《卦象图》等则与当时的民间筮占相关。此类帛画中的文字说明、图像来源、喻意以及它们与相关天文、军事理论的关系等问题，学界的探讨都还远未涉及，故当引起学界重视。至于民族学、民俗学研究，已有一些学者做了一些工作，但这种研究还可广泛、深入地推进下去，多进行一些民族、民俗方面的田野调查，努力挖掘新资料。近年，宋兆麟曾介绍过一件至今流行于四川凉州冕宁的"指路经"，纸本，卷轴形式，上绘图像近百幅。虽其中充满佛教色彩，但卷首的"日月图"和以大鹏鸟为主体的"三宝图"及"亡者像"等，则可与马王堆非衣的相关内容和形式进行比较观察。其"指路经"（即送魂经）的性质，也与帛画魂幡有相同之处。总之，无论是民族的还是民俗的文化，都有着悠久的历史传承，充分利用这部分资料，对深入研究古代帛画无疑是大有裨益的。

最后，继续对帛画艺术及其在中国美术发展史中的地位问题进行深入研究。在以往的论述中，学界偏于单体帛画自身绘画风格、特点等的讨论，其中尤以马王堆1号墓帛画为最。但站在美术史发展的角度，对古代帛画的历史地位进行宏观的考察，就显得相对欠缺。本书就这个问题进行了一些简要的论述，如马王堆非衣帛画的T字外形与时代偏早的洛阳西汉壁画墓的施绘位置的比较、汉代帛画与早期汉墓壁画中"引魂升天"、"日月像"、"车马仪仗"、"城邑图"等题材的联系，马王堆非衣的空间展示对汉墓装饰空间构图的影响，以及汉代帛画人物肖像画与魏晋绘画及其理论的关系等等，但显然还缺乏相应的深度，希望学界以后多加关注。此外，楚汉帛画的图像学意义也很重要，以楚帛书《十二月神图》为例，它不仅反映着先民对四方四维十二位宇宙模式和阴阳交替、一岁四时运行规律的认识，而且将这种认识以"式图"的形式表现出来，并对后世的若干艺术图式产生深远影响。如它的四隅绘青、赤、白、黑四神木，似对新石器时代中后期凌家滩遗址所出长方形玉板之"四隅四圭"构图的一种远承，也反映出中国早期艺术中可能曾有过的"四隅唯重"的设计原则（如良渚玉琮就以外方之四角为中心对称刻划"神人"、若干青铜礼器亦往往以四角扉棱为中轴对称布列纹样）。此外，后世覆斗形陵冢与墓志、窟室覆斗藻井和大量"式"图类艺术文物或图像，也都是这种四方四维的形式。从这个角度讲，《十二月神图》中的"式图"与后世若干类艺术造型图式与文物制度，无疑有着千丝万缕的联系。因此，对这方面问题的进一步探讨，在艺术图像学上将是很有价值的。

就帛画的发现与研究论，新的世纪又会带来新的机遇。我们期盼学人的敬业与努力，能尽可能客观、准确地接近帛画历史的真实，从而将对古代帛画的认识再向前推进一步。

后　记

　　说不上与中国帛画素有缘分，只是读书时念考古与历史，后又改攻美术史，故对处"边缘状态"的帛画独有一份关注。

　　作为一本帛画专著，应该详集迄今帛画考古发现的资料，理清帛画研究的发生和发展脉络，展现学界对重要帛画作品的思索与探讨，并记录笔者个人的心得感悟。因此在撰写过程中，笔者首先系统收集整理帛画及与之有关的考古资料，追索中国帛画的发展轨迹。其次，尽可能全面反映帛画发现以来国内外学人的研究成果，客观评价它们在整个帛画研究进程中的作用，使读者对中国帛画研究之源流有相对清楚的认识。再次，现存独幅式帛画虽已达十数幅之多，但学界倾力研究的仅限于《帛书十二月神图》、马王堆非衣等历史文化或艺术价值较高的作品。因为帛画年代久远，画面有的地方不够清晰，其内容又隐晦艰涩，诡谲神秘，故众说纷纭，莫衷一是。本书集中讨论此类帛画，旨在阐明迄今所见中国帛画的历史属性和文化价值。最后，还将视野集中于帛画的美术史考察上，将帛画纳入中国早期艺术体系和楚汉美术的大氛围之中，考察其艺术语言与符号、造型手段及特征等与先秦、两汉艺术的相互关系，探讨中国帛画独具的精神内涵与艺术品质。

　　当然，由于时代的久远和岁月的磨砺，中国帛画犹如游丝纤纤，脆弱断残，要寻觅其发展路径，当属难事。幸有学界师长研究的基础，使笔者得到许多有益的启示。在深入三湘、荆楚和齐鲁等地考察时，又多得同仁帮助，彼此切磋，受益匪浅。丛书执行主编朱启新先生，不顾劳顿两下江南，就本书撰写大纲与笔者共同商讨，又花大量时间对书稿进行了审阅修改。如今书稿即将付梓，遗漏与缺憾难免，在此谨望前辈与同仁不吝赐教。

陈　锽

2003 年 2 月 27 日

封面设计／张希广

责任印制／陆　联

责任编辑／王　戈

图书在版编目（CIP）数据

古代帛画/陈锽著．-北京：文物出版社，2005.9

（20 世纪中国文物考古发现与研究丛书）

ISBN 7－5010－1622－4

Ⅰ.古… Ⅱ.陈… Ⅲ.帛画-美术考古-中国 Ⅳ.K879.49

中国版本图书馆 CIP 数据核字（2004）第 045332 号

20 世纪中国文物考古发现与研究丛书

古 代 帛 画

陈　锽／著

文 物 出 版 社 出 版 发 行

（北京五四大街 29 号）

http：//www. wenwu. com

E－mail：web@wenwu. com

北京美通印刷有限公司印刷

新 华 书 店 经 销

850×1168　1/32　印张：8.375

2005 年 9 月第一版　2005 年 9 月第一次印刷

ISBN 7－5010－1622－4/K·829　定价：28 元